もくじ

光村図書版 国語 5年 準拠

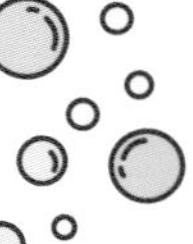

教科書 20〜38ページ

かんがえるのって　おもしろい
銀色の裏地（うら） (1)

月　日

／100点

1 ――の漢字の読みがなを書きましょう。　一つ5〔45点〕

(1) 未来を想像する。（　　）
(2) 自分の経験。（　　）
(3) 人物の心情。（　　）
(4) 印象に残る。（　　）
(5) 絶対にない。（　　）
(6) 長い時を経る。（　　）
(7) 情け深い人。（　　）
(8) 象の鼻。（　　）
(9) 人通りが絶える。（　　）

2 次の漢字の総（そう）画数を、数字で書きましょう。　一つ5〔25点〕

(1) 象（　　）画　(2) 絶（　　）画　(3) 像（　　）画
(4) 情（　　）画　(5) 経（　　）画

3 （　）に当てはまる言葉を、□から選んで書きましょう。　一つ10〔30点〕

(1) 心にわだかまりがあって（　　）する。
(2) まだ出かけたくなくて（　　）する。
(3) いつも（　　）していて、返事もしない。

ぐずぐず　つんつん　もやもや

答えは65ページ

かくにん 1

かんがえるのって おもしろい
銀色の裏地(うらじ) (1)

教科書 20〜38ページ

月　日

10分

／100点

1 □に当てはまる漢字を書きましょう。 一つ8〔40点〕

(1) 結末を□□（そうぞう）する。
(2) 初めての□□（けいけん）。
(3) □□（しんじょう）を察する。
(4) □□（いんしょう）がよい人。
(5) □□（ぜったい）に行かない。

2 形に注意して、□に当てはまる漢字を書きましょう。 一つ8〔32点〕

(1)
① 物語の人物□（ぞう）。
② 夏の異常(いじょう)気□（しょう）。

(2)
① 海岸の□（ぜっ）景。
② 飛行□（けい）路をたどる。

3 （　）に当てはまる言葉をア〜エから選んで、記号で答えましょう。 一つ7〔28点〕

(1) 明るい声をかけて、やさしく（　　）。
(2) 来週の運動会はがんばろうと（　　）。
(3) 夜空の星を見ながら、願いごとをそっと（　　）。
(4) 「そんな話は聞いていなかった」と、いかりを（　　）。

ア ぶちまける　イ 意気ごむ
ウ ほほえむ　エ つぶやく

答えは65ページ

きほん 2

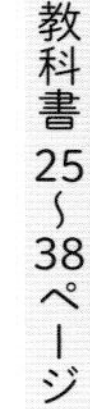

教科書25〜38ページ

銀色の裏地（うら） (2)

月　日

10分　／100点

1 ——の漢字の読みがなを書きましょう。　一つ6〔36点〕

(1) 厚い本を読む。（　　）
(2) 賞を取る。（　　）
(3) 賞状をもらう。（　　）
(4) 再会を喜ぶ。（　　）
(5) 話を理解する。（　　）
(6) なぞを解く。（　　）

2 次の漢字の正しい筆順のほうに、○をつけましょう。　一つ7〔28点〕

(1) ア（　） ノ 厂 厂 戸 戸 戸 戸 厚 厚
　　イ（　） 一 厂 厂 戸 戸 戸 戸 厚 厚
(2) ア（　） 丶 丷 ⺍ 㣺 当 当 尚 賞 賞
　　イ（　） 丶 丷 ⺍ 㣺 当 当 尚 賞 賞
(3) ア（　） 丶 冫 丬 丬 壯 状 状
　　イ（　） 丨 丬 丬 丬 壯 状 状
(4) ア（　） ⺈ 角 角 角 角 角 角 解 解
　　イ（　） ⺈ 角 角 角 角 角 角 解 解

3 次の言葉の意味を下から選んで、——で結びましょう。　一つ6〔36点〕

(1) 百も承知（しょう）　・　　・ア　人の話に調子を合わせる。
(2) 相づちを打つ　・　　・イ　まちがえようがない。
(3) はっぱをかける　・　　・ウ　よくわかっていること。
(4) まぎれもない　・　　・エ　きわめてよいこと。
(5) 苦しまぎれ　・　　・オ　強い言葉ではげます。
(6) 絶好　・　　・カ　苦しさのあまりにすること。

答えは65ページ

かくにん 2

銀色の裏地（うら） (2)

教科書25〜38ページ

月　日

10分　／100点

1 □に当てはまる漢字を書きましょう。（一つ8〔40点〕）

(1) □（あつ）い紙の箱。

(2) □（しょう）をもらう。

(3) □□（しょうじょう）をかざる。

(4) 合格（かく）を□（よろこ）ぶ。

(5) 説明を□□（りかい）する。

2 □に当てはまる、同じ読み方の漢字を書きましょう。（一つ8〔32点〕）

(1) ① □（あつ）いまな板。　② □（あつ）いお湯。

(2) ① 病□（じょう）が好転する。　② 悲しげな表□（じょう）。

3 （　）に当てはまる言葉をア〜エから選んで、記号で答えましょう。（一つ7〔28点〕）

(1) 先生に注意されて、背（せ）すじを（　）のばした。

(2) 母は、わたしの気持ちを（　）言い当てた。

(3) となりの子に話しかけても、（　）すましていた。

(4) 前に進むと、窓（まど）口の人が（　）こちらを見た。

ア　つんと　　イ　ちらりと

ウ　ぴっと　　エ　ずばりと

答えは65ページ

きほん 3

教科書 39〜43ページ

図書館を使いこなそう 漢字の成り立ち (1)

月　日

10分　／100点

1 ――の漢字の読みがなを書きましょう。　一つ4〔48点〕

(1) 内容の説明。（　）
(2) 技術をみがく。（　）
(3) 適切に用いる。（　）
(4) 許可をえる。（　）
(5) 複数の本。（　）
(6) 表紙の構図。（　）
(7) 桜がさく。（　）
(8) 八分ざきの花。（　）
(9) 一丸となる。（　）
(10) 初の銅メダル。（　）
(11) 絵が破れる。（　）
(12) 屋根の修復。（　）

2 次の漢字の正しい筆順のほうに、○をつけましょう。　〔4点〕

ア（　）一　𠃌　𠮛　𠮛　可
イ（　）一　丁　丁　可　可

3 次の漢字の音(おん)を表す部分と、その音を書きましょう。　一つ3〔48点〕

(1) 管 □（　）
(2) 府 □（　）
(3) 週 □（　）
(4) 像 □（　）
(5) 横 □（　）
(6) 課 □（　）
(7) 銅 □（　）
(8) 紙 □（　）

答えは65ページ

教科書39〜43ページ

図書館を使いこなそう
漢字の成り立ち (1)

月　日

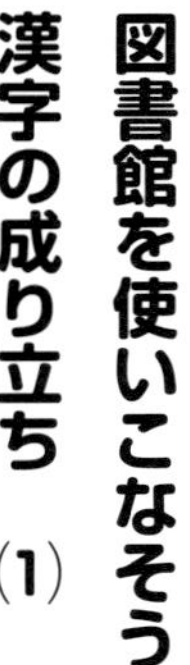

／100点

1 □に当てはまる漢字を書きましょう。　一つ8〔48点〕

(1) □□(ないよう)をたしかめる。
(2) 新しい□□(ぎじゅつ)。
(3) □□(きょか)が下りる。
(4) 美しい□□(こうず)。
(5) □(どう)メダルを取る。
(6) 本が□(やぶ)れる。

2 □に当てはまる、同じ読み方の漢字を書きましょう。　一つ6〔24点〕

(1)
① 学問を□(おさ)める。
② 国を□(おさ)める。

(2)
① 体力が回□(ふく)する。
② □(ふく)雑(ざつ)な手順。

3 次の漢字の成り立ちをア〜エから選んで、記号で答えましょう。　一つ7〔28点〕

(1) 馬・川（　　）　(2) 上・三（　　）
(3) 鳴・休（　　）　(4) 草・板（　　）

ア　音を表す部分と、意味を表す部分を組み合わせたもの。
イ　漢字の意味を組み合わせたもの。
ウ　目に見えない事がらを、印や記号を使って表したもの。
エ　目に見える物の形を、具体的にえがいたもの。

答えは65ページ

きほん 4

教科書 42〜45ページ

漢字の成り立ち (2)
季節の言葉1　春の空

月　日

10分

／100点

1 ――の漢字の読みがなを書きましょう。　一つ5〔60点〕

(1) 思いの外。（　　）
(2) 眼科の医者。（　　）
(3) 駅に停車する。（　　）
(4) 直ちに答える。（　　）
(5) 祖父母に会う。（　　）
(6) 赤飯をたく。（　　）
(7) 食事の準備。（　　）
(8) 石油の貿易。（　　）
(9) 国際会議の場。（　　）
(10) 愛犬とくらす。（　　）
(11) 清潔なタオル。（　　）
(12) 災（さい）害に備える。（　　）

2 次の説明に合う漢字を、□から選んで書きましょう。　一つ5〔40点〕

(1) 音を表す部分と、意味を表す部分を組み合わせたもの。
(2) 漢字の意味を組み合わせたもの。
(3) 目に見えない事がらを、印や記号を使って表したもの。
(4) 目に見える物の形を、具体的にえがいたもの。

一　火　洋　好　下　手　照　明

答えは65ページ

かくにん 4

漢字の成り立ち (2)
季節の言葉1　春の空

教科書 42〜45ページ

月　日

10分　／100点

1 □に当てはまる漢字を書きましょう。　一つ9〔36点〕

(1) バスが□□(ていしゃ)する。
(2) 夕食を□□(じゅんび)する。
(3) 外国との□□(ぼうえき)。
(4) □□(せいけつ)な手。

2 次の漢字のうち、他の漢字と成り立ちがちがうものを一つ選んで、記号で答えましょう。　一つ8〔32点〕

(1) ア 末　イ 上　ウ 口　エ 二　(　)
(2) ア 鳥　イ 男　ウ 牛　エ 魚　(　)
(3) ア 信　イ 畑　ウ 加　エ 持　(　)
(4) ア 林　イ 板　ウ 速　エ 校　(　)

3 次の春に関係のある言葉は、どのようなことを表していますか。ア〜エから選んで、記号で答えましょう。　一つ8〔32点〕

(1) うららか　(　)　(2) 花ぐもり　(　)
(3) 春がすみ　(　)　(4) 花冷え　(　)

ア 春に山などの遠くの風景がぼんやりとかすんでいること。
イ 空が晴れて、日がやわらかく照っているさま。
ウ 桜のさくころのくもった天気。
エ 桜のさくころに、急に寒さがもどること。

答えは66ページ

教科書 46～50ページ

きいて、きいて、きいてみよう

月　日

10分　／100点

1 ――の漢字の読みがなを書きましょう。　一つ6〔42点〕

(1) 人に質問する。（　　）
(2) 報告をする。（　　）
(3) 部に所属する。（　　）
(4) 後で確かめる。（　　）
(5) 他人を意識する。（　　）
(6) 話題を告げる。（　　）
(7) 正確に聞く。（　　）

2 次の漢字の部首と部首名を書きましょう。　一つ5〔40点〕

(1) 質　部首 □　部首名（　　）
(2) 確　部首 □　部首名（　　）
(3) 属　部首 □　部首名（　　）
(4) 識　部首 □　部首名（　　）

3 インタビューをするときの役わりを下から選び、――で結びましょう。　一つ6〔18点〕

(1) きき手・　　・ア やり取りを記録し、報告する。
(2) 話し手・　　・イ 質問をしながら話を聞く。
(3) 記録者・　　・ウ 質問を受けて話をする。

答えは66ページ

かくにん 5

教科書 46～50ページ

きいて、きいて、きいてみよう

月　日

10分

／100点

1 □に当てはまる漢字を書きましょう。　一つ8〔48点〕

(1) □□（しつもん）に答える。　(2) 結果を□□（ほうこく）する。

(3) チームに□□（しょぞく）する。　(4) 意味を□（たし）かめる。

(5) 人の目を□□（いしき）する。　(6) 時間に□□（せいかく）だ。

2 ――の読みを漢字で書くとき、他の二つとちがう漢字になるものを選んで、○をつけましょう。　一つ11〔22点〕

(1) ア（　）情ホウ　イ（　）ホウ送　ウ（　）ホウ道

(2) ア（　）形シキ　イ（　）知シキ　ウ（　）面シキ

3 意図を考えながらきき合うときの注意点をまとめました。（　）に当てはまる言葉をア～ウから選んで、記号で答えましょう。　一つ10〔30点〕

(1) たずねるときは、ききたいことをはっきりさせて、（　）にそってしつもんする。

(2) しつもんに答えるときは、相手が何を知りたいのか、（　）をたしかめながら話す。

(3) 話を記録してまとめるときは、やり取りを正しく聞いて、要点を（　）に取る。

ア 意図　イ メモ　ウ 話の流れ

答えは66ページ

教科書51〜63ページ

見立てる
言葉の意味が分かること
原因と結果

月　日

／100点

1 ――の漢字の読みがなを書きましょう。　一つ5〔50点〕

(1) 原因と結果。（　　）
(2) アラスカの西部。（　　）
(3) 丸太を組む。（　　）
(4) 家を造る。（　　）
(5) 親に似る。（　　）
(6) 回数を限る。（　　）
(7) 留学生と話す。（　　）
(8) 絵で表現する。（　　）
(9) 直接書く。（　　）
(10) 雲が現れる。（　　）

2 ――の漢字のいくつかある読みがなを書きましょう。　一つ5〔50点〕

(1)
① 東西に長い島。（　　）
② 北西に向かう。（　　）
③ 駅の西口に集まる。（　　）

(2)
① バスの停留所。（　　）
② 留守番をする。（　　）
③ メモをピンで留める。（　　）

(3)
① 木造の家。（　　）
② 船を造る。（　　）

(4)
① 太陽が照る。（　　）
② 木のみきが太い。（　　）

答えは66ページ

見立てる
言葉の意味が分かること
原因と結果

教科書51～63ページ

月　日

10分　／100点

1 □に当てはまる漢字を書きましょう。　一つ8〔48点〕

(1) 大雨の□□（げんいん）。
(2) 形が□（に）る。
(3) 人数を□（かぎ）る。
(4) 日本人の□□□（りゅうがくせい）。
(5) 言葉で□□（ひょうげん）する。
(6) □□（ちょくせつ）会う。

2 □に当てはまる、同じ読み方の漢字を書きましょう。　一つ7〔28点〕

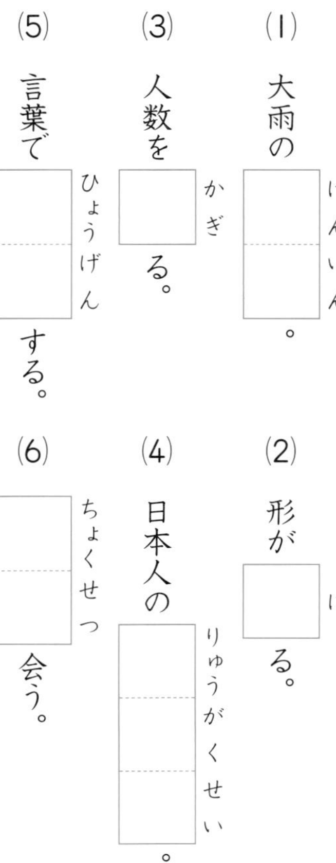

(1) ① 申しこみの期□（げん）。
② 理想と□（げん）実。

(2) ① 特急に□（せつ）続する。
② 道順を□（せつ）明する。

3 （　）に当てはまる言葉をア～ウから選んで、記号で答えましょう。　一つ8〔24点〕

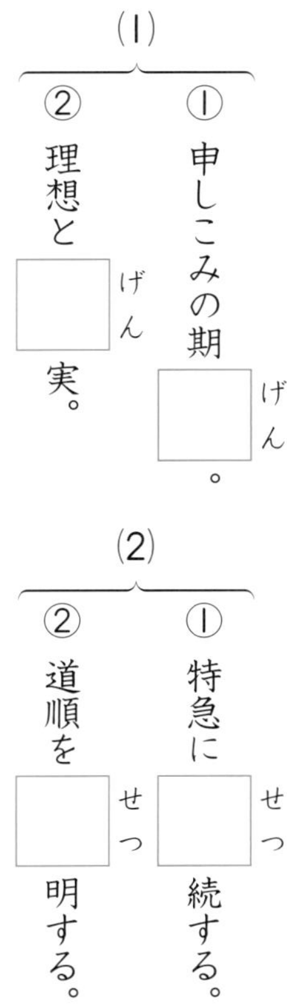

(1) まどの近くにある花びんが落ちたのは、風が強くふいたことが（　）。
(2) 黒い雲は、雨をふらせることがあるため雨雲ともよばれます。黒い雲が空をおおってきたので、これから雨がふる（　）。
(3) 漢字をもとにして平仮名は作られました。だから、漢字よりも平仮名のほうが、文字として新しいと（　）。

ア　いえます　　イ　かもしれません　　ウ　げんいんです

答えは66ページ

きほん 7

教科書 64～69ページ

敬語(けい)
日常を十七音で

月　日

10分　／100点

1 ――の漢字の読みがなを書きましょう。　一つ4〔36点〕

(1) 場面に応じる。（　　）
(2) 大勢の人。（　　）
(3) 氷河がとける。（　　）
(4) 歴史を学ぶ。（　　）
(5) 新幹線に乗る。（　　）
(6) 先生を招く。（　　）
(7) 俳(はい)句を読む。（　　）
(8) 日常の生活。（　　）
(9) 言葉の順序。（　　）

2 ――の敬語(けい)の種類をア～ウから選んで、記号で答えましょう。　一つ8〔32点〕

(1) 校長先生がおっしゃることをよく聞く。（　　）
(2) わたしは毎朝六時に起きます。（　　）
(3) 先生に感謝(しゃ)の気持ちを申しあげる。（　　）
(4) お客様がわが家にいらっしゃる。（　　）

ア　ていねい語　　イ　尊(そん)敬語　　ウ　けんじょう語

3 次の季語は、いくつの音(おん)でできていますか。〈例〉にならって、音数を数字で書きましょう。　一つ8〔32点〕

〈例〉あじさい　→（　4　）音

(1) ほうれんそう　→（　　）音
(2) ばった　→（　　）音
(3) いちょう　→（　　）音
(4) スケート　→（　　）音

かくにん 7

敬語（けいご）
日常を十七音で

教科書64～69ページ

月　日

10分　／100点

1 □に当てはまる漢字を書きましょう。　一つ8〔64点〕

(1) 要求に□（おう）じる。
(2) □□（おおぜい）の生徒。
(3) □□（ひょうが）が動く。
(4) 日本の□□（れきし）。
(5) □□□（しんかんせん）で行く。
(6) 友人を□（まね）く。
(7) 俳（はい）□（く）を作る。
(8) □□（にちじょう）の会話。

2 ――の言葉をていねい語を使って書き直しましょう。　一つ6〔12点〕

(1) 山川さんは、わたしの友達だ。（　　　）
(2) 母は、今日、家にいる。（　　　）

3 ――の言葉を敬語（けいご）を使った言い方に直す場合、正しいのはどちらですか。記号で答えましょう。　一つ8〔24点〕

(1) 水族館で係の方からお話を聞いた。（　）
ア お聞きになった　イ うかがった
(2) わたしは訪問（ほうもん）先で夕食を食べることになった。（　）
ア いただく　イ お食べになる
(3) 先生は、先に帰る予定になっている。（　）
ア お帰りする　イ 帰られる

答えは66ページ

教科書 70ページ

漢字の広場①

月　日

10分　／100点

1 ――の漢字の読みがなを書きましょう。　一つ4〔88点〕

(1) 町の案内図。（　　）
(2) 季節の花。（　　）
(3) 最新の機械。（　　）
(4) 公共の場所。（　　）
(5) 百科事典を見る。（　　）
(6) 植物の分類。（　　）
(7) 人に説明する。（　　）
(8) 要望を言う。（　　）
(9) 戦争はしない。（　　）
(10) 区別をつける。（　　）
(11) 伝記を読む。（　　）
(12) つくえの配置。（　　）
(13) 司書に聞く。（　　）
(14) 本を借りる。（　　）
(15) 英語の本。（　　）
(16) 辞書で調べる。（　　）
(17) 参考書を見る。（　　）
(18) 極力静かにする。（　　）
(19) 順番にならぶ。（　　）
(20) 児童書を買う。（　　）
(21) 席にすわる。（　　）
(22) 静かな部屋。（　　）

2 ――の漢字の、三通りの読みがなを書きましょう。　一つ4〔12点〕

① 午後の便の配達。（　　）
② 便利な所に住む。（　　）
③ 便りがとどく。（　　）

答えは66ページ

かくにん 8

漢字の広場①

教科書70ページ

月　日

10分　／100点

1 □に当てはまる漢字を書きましょう。　一つ5〔100点〕

(1) □□（ようぼう）を聞く。
(2) □□（べんり）な□□（ぶんるい）。
(3) □□（きせつ）が変わる。
(4) 姉の□□□（さんこうしょ）。
(5) □□（えいご）を学ぶ。
(6) □□（でんき）を□（か）りる。
(7) たなの□□（はいち）。
(8) □□（さいしん）のニュース。
(9) □□（せんそう）に反対する。
(10) 色で□□（くべつ）する。
(11) □（せき）の□□（じゅんばん）。
(12) 三日□□（いない）に帰る。
(13) □（しず）かに□□（あんない）する。
(14) 百科□□（じてん）を買う。
(15) □□□（じどうしょ）を読む。
(16) 図書館の□□（ししょ）。

答えは66ページ

古典の世界(一)
目的に応じて引用するとき

教科書71〜77ページ

月　日

10分　／100点

1 ——の漢字の読みがなを書きましょう。　一つ8〔40点〕

(1) 古典を読む。（　）
(2) 武士の一族。（　）
(3) 資料を読む。（　）
(4) 政府の調査。（　）
(5) 武者ぶるいする。（　）

2 次の漢字の太い部分は何画目に書きますか。数字で書きましょう。　一つ10〔20点〕

(1) 武（　）画目
(2) 査（　）画目

3 次の書きだしで始まる古典をア〜エから選んで、記号で答えましょう。　一つ10〔40点〕

(1) 祇園精舎(ぎおんしょうじゃ)の鐘(かね)の声、諸行(しょぎょう)無常の響(ひび)きあり。（　）
(2) つれづれなるままに、日暮(ぐ)らし、硯(すずり)に向かひ(い)て、…（　）
(3) 今は昔、竹取(たけとり)の翁(おきな)といふ(う)ものありけり。（　）
(4) ゆく河の流れは絶えずして、しかももとの水にあらず。（　）

ア 「竹取(たけとり)物語」
イ 「平家(へいけ)物語」
ウ 「方丈(ほうじょう)記」
エ 「徒然草(つれづれぐさ)」

答えは67ページ

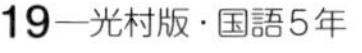

教科書 71〜77ページ

古典の世界（一）
目的に応じて引用するとき

月　日

10分　／100点

1 □に当てはまる漢字を書きましょう。　一つ10〔30点〕

(1) 平家（へいけ）の［ぶし］。　(2) 会議の［しりょう］を配る。

(3) 事件の［ちょうさ］。

2 次の作品の説明を下から選んで――で結びましょう。　一つ10〔40点〕

(1) 「竹取物語（たけとりものがたり）」・　　・ア　平家という一族が栄え滅（ほろ）んでゆくさまを書いた物語。

(2) 「平家物語（へいけものがたり）」・　　・イ　兼好法師（けんこうほうし）が人の生き方や自然の美しさについて書いた作品。

(3) 「方丈記（ほうじょうき）」・　　・ウ　千年以上も前に書かれ、「かぐやひめ」の名でも知られている物語。

(4) 「徒然草（つれづれぐさ）」・　　・エ　鴨長明（かものちょうめい）がこの世ははかないものだという見方を表した作品。

3 引用するときの注意点をまとめました。（　）に当てはまる言葉をア〜ウから選んで、記号で答えましょう。　一つ10〔30点〕

(1) インターネットで調べたときは、ウェブサイト名やそのサイトの（　）の名前、サイトを見た日付などを書いておく。

(2) 目的に合った部分を選び、（　）に書き写す。

(3) 出典となる本の（　）を書いておく。

ア　正確　　イ　情報　　ウ　管理者

答えは67ページ

きほん 10

教科書 78～85ページ

みんなが使いやすいデザイン 同じ読み方の漢字 (1)

月　日

10分　／100点

1 ――の漢字の読みがなを書きましょう。 一つ5〔50点〕

(1) 年齢(れい)や性別。（　）
(2) 非常口の表示。（　）
(3) 総合的な学習。（　）
(4) 長さを測る。（　）
(5) 時間を計る。（　）
(6) 校舎の正面。（　）
(7) 往復する時間。（　）
(8) げきの公演。（　）
(9) 週刊誌(し)を読む。（　）
(10) 肥料のふくろ。（　）

2 漢字の使い方の正しいほうに、〇をつけましょう。 一つ5〔10点〕

(1) 期待に ア（　）答える。 イ（　）応える。
(2) 話に水を ア（　）差す。 イ（　）指す。

3 次の調べ方には、どんな特長がありますか。ア～エから選んで、記号で答えましょう。 一つ10〔40点〕

(1) 本や資料を読む（　）
(2) インタビュー（　）
(3) 見たりさわったりして調べる（　）
(4) インターネットでけんさくする（　）

ア 知りたいことを直接きくことができる。
イ くわしい情報やせんもん家の考えを知ることができる。
ウ 実際の様子を確かめられる。
エ 最新の情報やたくさんの情報を知ることができる。

答えは67ページ

教科書 78〜85ページ

みんなが使いやすいデザイン
同じ読み方の漢字 (1)

月　日

10分　／100点

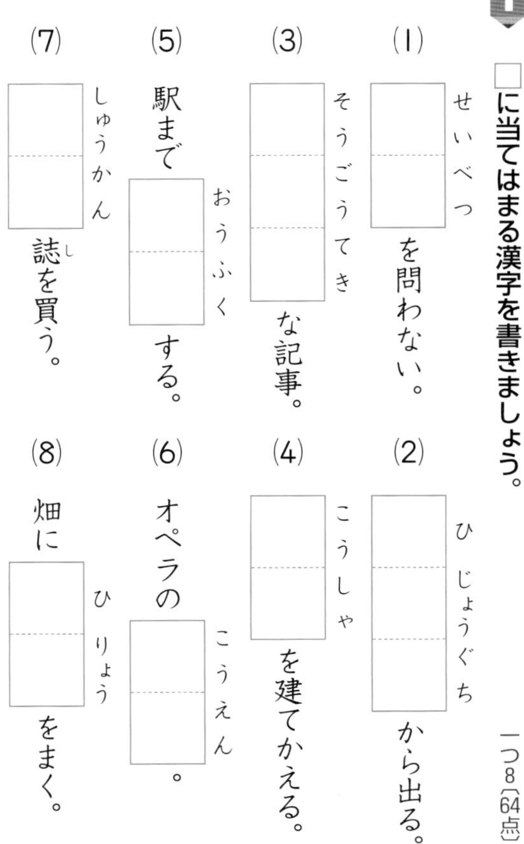

1 □に当てはまる漢字を書きましょう。　一つ8〔64点〕

(1) □□(せいべつ)を問わない。

(2) □□□(ひじょうぐち)から出る。

(3) □□□(そうごうてき)な記事。

(4) □□(こうしゃ)を建てかえる。

(5) 駅まで□□(おうふく)する。

(6) オペラの□□(こうえん)。

(7) □□(しゅうかん)誌(し)を買う。

(8) 畑に□□(ひりょう)をまく。

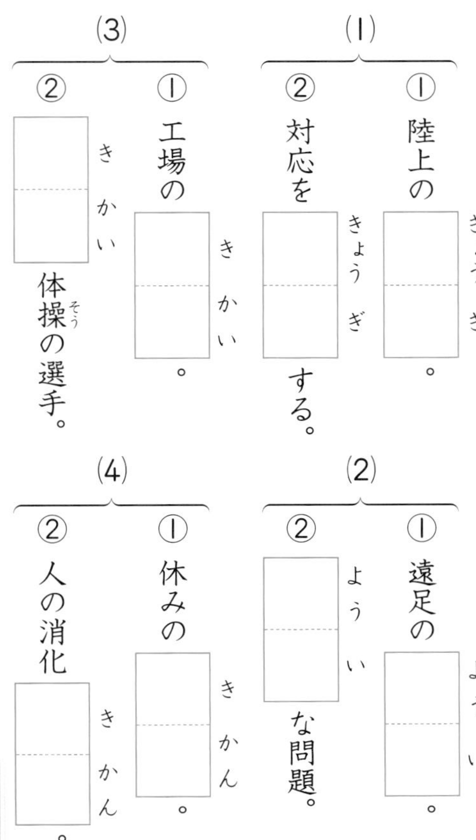

2 □に当てはまる、同じ読み方の熟語(じゅく)を書きましょう。　両方できて一つ9〔36点〕

(1)
① 陸上の□□(きょうぎ)。
② 対応を□□(きょうぎ)する。

(2)
① 遠足の□□(ようい)。
② □□(ようい)な問題。

(3)
① 工場の□□(きかい)。
② □□(きかい)体操(そう)の選手。

(4)
① 休みの□□(きかん)。
② 人の消化□□(きかん)。

答えは67ページ

きほん 11 同じ読み方の漢字 (2) 季節の言葉2 夏の夜

教科書84〜87ページ

月　日

10分　／100点

1 ——の漢字の読みがなを書きましょう。　一つ4〔40点〕

(1) 町の製糸工場。（　　）
(2) 牛肉の味。（　　）
(3) 深く謝罪する。（　　）
(4) 暴風に備える。（　　）
(5) 防風林を植える。（　　）
(6) 鉱石の発見。（　　）
(7) 功績を残す。（　　）
(8) 志を果たす。（　　）
(9) 一人の男性。（　　）
(10) 航海の記録。（　　）

2 熟語(じゅく)の正しいほうに、○をつけましょう。　一つ10〔30点〕

(1) 運動場を市民に｛ア（　）解放　イ（　）開放｝する。
(2) 問題集の答えの｛ア（　）解説　イ（　）開設｝を読む。
(3) 大人を｛ア（　）対象　イ（　）対照｝にアンケートをとる。

3 次の夏を表す言葉は、どのようなことを表していますか。ア〜ウから選んで、記号で答えましょう。　一つ10〔30点〕

(1) 油照(あぶらで)り（　）　(2) 西日（　）　(3) 秋近し（　）

ア　風がなく、むし暑い天気のこと。
イ　どことなく秋を感じる時期のこと。
ウ　西の空にかたむいた太陽の光のこと。

答えは67ページ

同じ読み方の漢字 (2)
季節の言葉2 夏の夜

教科書84～87ページ

月　日

10分　／100点

1 □に当てはまる漢字を書きましょう。　一つ7〔56点〕

(1) 富岡（とみおか）□□（せいし）場の見学。

(2) □□（しゃざい）の言葉。

(3) □□（ぼうふう）がふく。

(4) 海岸の□□□（ぼうふうりん）。

(5) □□（こうせき）のさいくつ。

(6) □□（こうせき）をたたえる。

(7) 高い□（こころざし）をたもつ。

(8) 太平洋を□□（こうかい）する。

2 □に当てはまる、同じ読み方の漢字を書きましょう。　両方できて一つ11〔44点〕

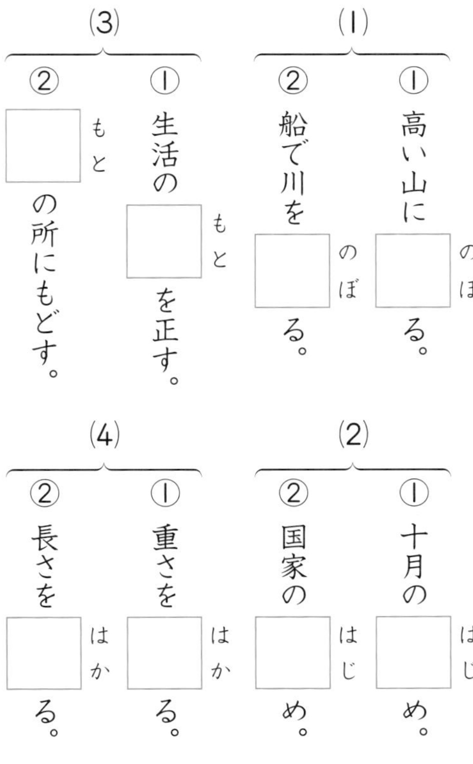

(1)
① 高い山に□（のぼ）る。
② 船で川を□（のぼ）る。

(2)
① 十月の□（はじ）め。
② 国家の□（はじ）め。

(3)
① 生活の□（もと）を正す。
② □（もと）の所にもどす。

(4)
① 重さを□（はか）る。
② 長さを□（はか）る。

答えは67ページ

教科書 88〜99ページ

作家で広げるわたしたちの読書
モモ

月　日

10分　／100点

1 ――の漢字の読みがなを書きましょう。　一つ6〔72点〕

(1) 夢中になる。（　　）
(2) 短編集を読む。（　　）
(3) 危険を感じる。（　　）
(4) 全員断言する。（　　）
(5) 境界線を引く。（　　）
(6) 角を曲がる。（　　）
(7) 重大な事態。（　　）
(8) 逆方向に回る。（　　）
(9) 裁判にかける。（　　）
(10) 左右にならぶ。（　　）
(11) 圧力をかける。（　　）
(12) 流れに逆らう。（　　）

2 □に漢字を入れて、似た意味や反対の意味になる語を作りましょう。　一つ8〔16点〕

(1) 断言 ―― □□（めいげん）〈似た意味になる語〉

(2) 危険 ←→ □□（あんぜん）〈反対の意味になる語〉

3 （　）に当てはまる言葉をア〜ウから選んで、記号で答えましょう。　一つ4〔12点〕

(1) むし暑くて、風が（　）ふかない。
(2) 道の両側に店が（　）立ちならんでいる。
(3) ねこが（　）部屋に入ってきた。

ア　のそのそと　　イ　そよとも　　ウ　びっしり

答えは67ページ

かくにん 12

作家で広げるわたしたちの読書
モモ

教科書 88〜99ページ

月　日

10分　／100点

1 □に当てはまる漢字を書きましょう。　一つ5〔40点〕

(1) □□（むちゅう）で本を読む。

(2) □□□（たんぺんしゅう）を買う。

(3) 危□（き けん）をさける。

(4) 本当だと□□（だんげん）する。

(5) 国の□□□（きょうかいせん）。

(6) 非常□□（じたい）に備える。

(7) 裁□（さい ばん）に勝つ。

(8) □□（あつりょく）をかける。

2 ——の言葉に合った、正しい使い方をしているほうに○をつけましょう。　一つ12〔60点〕

(1) 読み進むほど、話は<u>ますます</u>
ア（　）むずかしくなった。
イ（　）むずかしかった。

(2) 植物園の中は<u>まるで</u>ジャングルに
ア（　）いるみたいだ。
イ（　）いるそうだ。

(3) 人がいっぱいで、<u>ちっとも</u>
ア（　）前に進んでいる。
イ（　）前に進めない。

(4) ミルクは<u>ほんの</u>
ア（　）たくさん残っている。
イ（　）少ししか残っていない。

(5) わたしたちは<u>どうやら</u>道に
ア（　）まよったようだ。
イ（　）まよったはずだ。

答えは67ページ

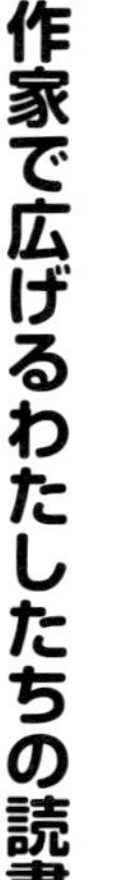

教科書 100～111ページ

月　日

かぼちゃのつるが／われは草なり／どちらを選びますか／新聞を読もう／文章に説得力をもたせるには

10分　／100点

1 ――の漢字の読みがなを書きましょう。　一つ5〔40点〕

(1) 説得力がある。（　）
(2) 新聞を比べる。（　）
(3) 政治の分野。（　）
(4) 興味がある。（　）
(5) 例文を示す。（　）
(6) 主張をのべる。（　）
(7) 個人の考え。（　）
(8) 意見を支える体験。（　）

2 次の説明に当てはまる、新聞に関係する言葉をア～ウから選んで、記号で答えましょう。　一つ10〔30点〕

(1) 記事の内容を短くまとめて表したもの。（　）
(2) 出来事のくわしい内容をのべたもの。（　）
(3) 記事の題に当たるもので、ひと目で内容を分かるようにしたもの。（　）

ア 本文　イ 見出し　ウ リード文

3 次の言葉の意味を下から選んで、――で結びましょう。　一つ6〔30点〕

(1) 先端（たん）・　・ア 他の人にうったえたい意見や思い。
(2) 己（おのれ）・　・イ もとになる理由。
(3) 説得力・　・ウ 長い物の一番はしの部分。
(4) 主張・　・エ 自分自身。
(5) 根拠（きょ）・　・オ 考えを相手に受け入れさせる力。

答えは67ページ

かくにん 13

教科書 100〜111ページ

かぼちゃのつるが／われは草なり／どちらを選びますか／新聞を読もう／文章に説得力をもたせるには

月　日

／100点

1 □に当てはまる漢字を書きましょう。　一つ7〔56点〕

(1) □□□（せっとくりょく）がない。

(2) 大きさを□（くら）べる。

(3) □□（せいじ）の記事。

(4) □□（きょうみ）がわく。

(5) 内容を□（しめ）す。

(6) わかりやすい□□（しゅちょう）。

(7) □□（こじん）情報を守る。

(8) チームを□（ささ）える。

2 次のそれぞれの文の内容に当てはまる言葉をア〜エから選んで、記号で答えましょう。　一つ11〔44点〕

電気の使用量をへらすためには、家庭で一人ひとりがこまめに電気を消すことが大切だ。……（　）

国内で使用されている電気のうち、約三割（わり）は家庭で使用されているからだ。……（　）

家庭で一人が使用している電気の量は小さいから、家庭で節電をしてもあまり効果（こう）がないという意見もあるだろう。……（　）

しかし、家庭で一人が使用している電気の量は小さくても、それが社会全体で積み重なると大きな量になる。……（　）

ア　根拠（きょ）　イ　反論（ろん）に対する考え

ウ　主張　エ　予想される反論

答えは67ページ

きほん 14

漢字の広場②

教科書112ページ

月　日

10分　／100点

1 ――の漢字の読みがなを書きましょう。　一つ4〔100点〕

(1) 住所と氏名。（　　）
(2) □□県○○郡（　　）
(3) 会社で働く。（　　）
(4) 初めて会う。（　　）
(5) 悪天候になる。（　　）
(6) 散々な目にあう。（　　）
(7) 節約に努める。（　　）
(8) 活動を続ける。（　　）
(9) 野球の特訓。（　　）
(10) 必死になる。（　　）
(11) 努力が実る。（　　）
(12) 登山の仲間。（　　）
(13) 結束が固い。（　　）
(14) 無事にすごす。（　　）
(15) 信念をもつ。（　　）
(16) 良好な関係。（　　）
(17) 冷たい雨。（　　）
(18) 茨の道を行く。（　　）
(19) 輪になる。（　　）
(20) 祝賀会に出る。（　　）
(21) 目的を達する。（　　）
(22) 連帯感がある。（　　）
(23) 旗をふる。（　　）
(24) 副隊長になる。（　　）
(25) 悲願がかなう。（　　）

答えは68ページ

かくにん 14

漢字の広場②

教科書112ページ

月　日

10分　／100点

1 □に当てはまる漢字を書きましょう。 一つ4〔100点〕

(1) 大学を□□(そつぎょう)する。

(2) □□(しゅうまつ)の□□(とっくん)。

(3) 活動に□□(さんか)する。

(4) 読書に□□(ねっちゅう)する。

(5) □□(しぜん)にふれる。

(6) 紙に□(つつ)む。

(7) □□(もくひょう)を立てる。

(8) □□(なかま)と□(わら)う。

(9) □□(ざんねん)な□□(しっぱい)。

(10) □□(ふあん)に打ち勝つ。

(11) □□(どりょく)と□□(くろう)。

(12) □□(ひつし)に□(はたら)く。

(13) □□(せいこう)をおさめる。

(14) □□(きぼう)と□□(ゆうき)。

(15) □□(はんせい)を□(つづ)ける。

(16) 天候は□□(りょうこう)だ。

(17) □□□(しゅくがかい)を開く。

(18) □(つめ)たい水を飲む。

答えは68ページ

たずねびと

教科書 113〜130ページ

月　日

10分

／100点

1 ――の漢字の読みがなを書きましょう。　一つ5〔50点〕

(1) 道に迷う。（　）
(2) 駅の所在地。（　）
(3) 独り言を言う。（　）
(4) 小さな弁当箱。（　）
(5) 書名を検索する。（　）
(6) 真面目な人。（　）
(7) 情報の提供。（　）
(8) そばに寄る。（　）
(9) 八百人余りの人。（　）
(10) 仏をおがむ。（　）

2 次の漢字の正しい筆順のほうに、○をつけましょう。　一つ5〔15点〕

(1) ア（　）一 十 十 半 米 米 米 迷 迷
　　イ（　）丶 丷 䒑 半 米 米 米 迷 迷
(2) ア（　）丶 宀 宀 宊 宊 宊 寄 寄 寄
　　イ（　）丶 宀 宀 宊 宊 宊 寄 寄 寄
(3) ア（　）ノ ナ 才 冇 存 在
　　イ（　）一 ナ 才 冇 存 在

3 次の言葉の意味を下から選んで、――で結びましょう。　一つ7〔35点〕

(1) せがむ　・　　・ア　思い起こされるすがた。
(2) かしこまる　・　　・イ　しつこくたのむ。
(3) うちのめす　・　　・ウ　強いショックをあたえる。
(4) しどろもどろ　・　　・エ　かた苦しく姿勢を正す。
(5) おもかげ　・　　・オ　話し方がみだれる様子。

答えは68ページ

かくにん 15

たずねびと

教科書113〜130ページ

月　日

10分　／100点

1 □に当てはまる漢字を書きましょう。　一つ6〔48点〕

(1) 返事に□(まよ)う。

(2) 本社の□□□(しょざいち)。

(3) □(ひと)り言をつぶやく。

(4) □□□(べんとうばこ)を開ける。

(5) 場所を□(てい)供(きょう)する。

(6) 友達の家に□(よ)る。

(7) 百人□(あま)りの参加者。

(8) □(ほとけ)の教え。

2 □に当てはまる、同じ読み方の漢字を書きましょう。　一つ7〔28点〕

(1)
① 大きな危(き)□(けん)。
② □(けん)査の結果。

(2)
① 船の□□(きこう)地。
② 寒い□□(きこう)。

3 (　)に当てはまる言葉をア〜ウから選んで、記号で答えましょう。　一つ8〔24点〕

(1) わたしの意外な行動に、相手は(　)顔をした。

(2) 道ばたのポスターの文字が、わたしの目に(　)。

(3) よい返事を聞いて、おばさんの顔はぱっと(　)。

ア 飛びこんできた　イ かがやいた　ウ めんくらった

答えは68ページ

教科書131ページ

月　日

／100点

漢字の広場③

1 ——の漢字の読みがなを書きましょう。 一つ4〔100点〕

(1) 都道府県の数。（　　）
(2) 日本各地の駅。（　　）
(3) 漁業でくらす。（　　）
(4) 長さの単位。（　　）
(5) 底辺の長さ。（　　）
(6) 一億人の人口。（　　）
(7) 円の半径。（　　）
(8) 一兆円の予算。（　　）
(9) 例題を解く。（　　）
(10) 歌を覚える。（　　）
(11) 学芸会に出る。（　　）
(12) 焼き魚を出す。（　　）
(13) 給食を食べる。（　　）
(14) 健康な子ども。（　　）
(15) 栄養をとる。（　　）
(16) ご飯を食べる。（　　）
(17) 試験管を使う。（　　）
(18) 家具を固定する。（　　）
(19) 水を計量する。（　　）
(20) 木の芽がふく。（　　）
(21) ひまわりの種。（　　）
(22) 実験の方法。（　　）
(23) 朝顔の観察。（　　）
(24) 号令をかける。（　　）
(25) 町を一周する。（　　）

答えは68ページ

漢字の広場③

教科書131ページ

月　日

10分　／100点

1 □に当てはまる漢字を書きましょう。　一つ4〔100点〕

(1) □□（さんぎょう）がさかえる。
(2) 日本□□（かくち）の都市。
(3) □□（ぎょぎょう）をいとなむ。
(4) 算数の□□（れいだい）を出す。
(5) □□（めんせき）の□□（たんい）。
(6) □□（えいよう）に□（と）む。
(7) □□（きゅうしょく）の時間。
(8) □□（けんこう）な生活を送る。
(9) □□（えんぶん）をひかえる。
(10) □□（けいりょう）の□□（ほうほう）。
(11) □□（かんさつ）の□□（けっか）。
(12) 水を□□（かねつ）する。
(13) □（たね）から□（め）が出る。
(14) □□（へんか）の□□（きろく）。
(15) □□（ごうれい）にしたがう。
(16) 公園を□□（いっしゅう）する。
(17) □□（がっき）をかなでる。
(18) □□（がっしょう）曲を□（おぼ）える。

答えは68ページ

きほん 17

教科書132～143ページ

方言と共通語
季節の言葉3　秋の夕（ゆうべ）
よりよい学校生活のために
意見が対立したときには

月　日

10分　／100点

1 ――の漢字の読みがなを書きましょう。　一つ5〔30点〕

(1) 本を貸す。（　　）
(2) 表現の効果。（　　）
(3) 条件をつける。（　　）
(4) きれいに保つ。（　　）
(5) 他人の評価。（　　）
(6) 人に賛成する。（　　）

2 次の文のうち、方言でのべているものにはアを、共通語でのべているものにはイを書きましょう。　一つ8〔32点〕

(1) 先日はお手伝いしてくれて、ありがとう。（　　）
(2) 先日はお手伝いしてもろて、おおきに。（　　）
(3) 子どもは、めんこいな。（　　）
(4) 子どもは、かわいいな。（　　）

3 次の言葉が表している月の形をア～ウから選び、記号で答えなさい。　一つ7〔14点〕

(1) 望月（もちづき）（　　）　(2) 弓張月（ゆみはりづき）（　　）

ア　三日月　　イ　半月　　ウ　満月

4 次の質問は、話し合いのどのような場面で使われますか。ア・イから選んで、記号で答えましょう。　一つ8〔24点〕

(1) ○○○とは、例えばどういうことですか。（　　）
(2) ○○○には賛成ですか。（　　）
(3) 具体的には、どういうことですか。（　　）

ア　くわしい説明をきくとき。　　イ　相手の評価をきくとき。

答えは68ページ

かくにん 17

方言と共通語
季節の言葉3　秋の夕(ゆうべ)
よりよい学校生活のために
意見が対立したときには

教科書 132～143ページ

月　日

10分　／100点

1 □に当てはまる漢字を書きましょう。 一つ5〔30点〕

(1) ペンを□(か)す。

(2) 薬の□□(こうか)。

(3) □□(じょうけん)を満たす。

(4) 平和を□(たも)つ。

(5) □□(ひょうか)を下す。

(6) 意見に□□(さんせい)する。

2 □に当てはまる、同じ読み方をする漢字を書きましょう。 一つ5〔30点〕

(1)
① 用□(けん)を伝える。
② □(けん)究を重ねる。
③ □(けん)康にすごす。

(2)
① 目□(ひょう)を立てる。
② 好□(ひょう)を博す。
③ 投□(ひょう)箱を作る。

3 話し合いの中で意見が対立した場合、どのようにすればよいですか。適切な行動に○、適切でない行動に×を書きましょう。 一つ10〔40点〕

(1) 自分の考えを言い続け、相手の意見は聞かない。（　）

(2) 相手の意見を受け止め、理解したことを伝える。（　）

(3) 話に区切りをつけ、次へ進める言葉をかける。（　）

(4) 自分の考えの理由を伝える。（　）

答えは68ページ

教科書144〜148ページ

浦島太郎　「御伽草子」より
和語・漢語・外来語

月　日

10分　／100点

1 ――の漢字の読みがなを書きましょう。　一つ5〔45点〕

(1) 夫と妻。（　　）
(2) 店が混み合う。（　　）
(3) 混雑の予想。（　　）
(4) 話を省略する。（　　）
(5) 虫を採集する。（　　）
(6) 生物を食べる。（　　）
(7) 立ち入り禁止（　　）
(8) 少女のころ。（　　）
(9) 可能性が高い。（　　）

2 次の説明に当てはまる言葉をア〜ウから選んで、記号で答えましょう。　一つ5〔15点〕

(1) もともと日本にあった言葉。（　　）
(2) 古くに中国から日本に入った言葉。（　　）
(3) 漢語以外で、外国語から日本語に取り入れられた言葉。（　　）

ア　外来語　　イ　和語　　ウ　漢語

3 次の――の言葉のうち、和語にはア、漢語にはイ、外来語にはウを書きましょう。　一つ5〔40点〕

(1) 父のふるさと。（　　）
(2) アイロンをかける。（　　）
(3) 円とドル。（　　）
(4) 正月に帰省する。（　　）
(5) 暑いと思う。（　　）
(6) カステラを食べる。（　　）
(7) コアラを見る。（　　）
(8) 建物の中に入る。（　　）

答えは69ページ

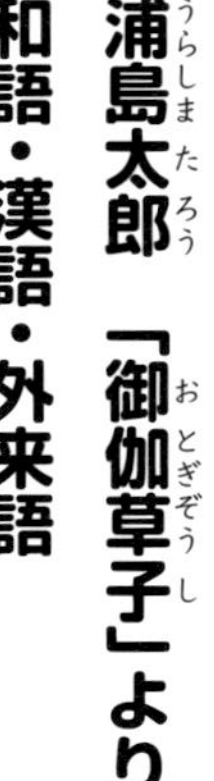

浦島太郎(うらしまたろう)「御伽草子(おとぎぞうし)」より
和語・漢語・外来語

教科書144〜148ページ

月　日

10分　／100点

1 □に当てはまる漢字を書きましょう。　一つ5〔35点〕

(1) □(つま)と出かける。

(2) 駅が□(こ)み合う。

(3) 電車が□□(こんざつ)する。

(4) □□(しょうりゃく)した表現。

(5) 化石を□□(さいしゅう)する。

(6) 通行□□(きんし)の道路。

(7) 成功する□□□(かのうせい)。

2 ——の言葉のうち、和語のほうに○をつけましょう。　一つ7〔35点〕

(1) ア（　）色紙を折る。　イ（　）サイン用の色紙。

(2) ア（　）初日をおがむ。　イ（　）祭りの初日。

(3) ア（　）風車小屋が建つ。　イ（　）風車を手に持つ。

(4) ア（　）生物は進化する。　イ（　）生物は早くいたむ。

(5) ア（　）最終回は見物だ。　イ（　）花火を見物する。

3 次の言葉と同じ意味の外来語をア〜カから選んで、記号で答えましょう。　一つ5〔30点〕

(1) 台所（　）　(2) 照明（　）　(3) くつ下（　）

(4) 速さ（　）　(5) 昼食（　）　(6) 飲み物（　）

ア ライト　イ ドリンク　ウ ランチ

エ スピード　オ ソックス　カ キッチン

答えは69ページ

きほん 19

教科書 149〜159ページ

固有種が教えてくれること (1)

月　日

10分　／100点

1 ——の漢字の読みがなを書きましょう。 一つ5〔35点〕

(1) 進化の過程。（　　）
(2) 豊かな社会。（　　）
(3) 分布を調べる。（　　）
(4) 森林の保全。（　　）
(5) 数が減少する。（　　）
(6) 保護を行う。（　　）
(7) 種類が減る。（　　）

2 次の漢字の総画数を、数字で書きましょう。 一つ7〔14点〕

(1) 減（　　）画　(2) 護（　　）画

3 次の言葉の中で、——の漢字の意味が他とちがうものを選んで、記号で答えましょう。 一つ7〔21点〕

(1) ア 通過　イ 過度　ウ 過半数（　　）
(2) ア 配布　イ 散布　ウ 毛布（　　）
(3) ア 工程　イ 程度　ウ 日程（　　）

4 次の言葉の意味を下から選んで、——で結びましょう。 一つ5〔30点〕

(1) 保全・　　・ア 保護して安全にすること。
(2) ばっさい・　　・イ 田畑などをあらすけもの。
(3) らんかく・　　・ウ 経験して事実を語れる人。
(4) 害獣（じゅう）・　　・エ 生き物をむやみにとること。
(5) ほかく・　　・オ 木などを切りたおすこと。
(6) 生き証人・　　・カ 生きたままとらえること。

答えは69ページ

かくにん 19

教科書 149〜159ページ

固有種が教えてくれること (1)

月　日

10分　／100点

1 □に当てはまる漢字を書きましょう。　一つ8〔40点〕

(1) 成長の□□(かてい)。

(2) 自然が□(ゆた)かだ。

(3) 生物の□□(ぶんぷ)調査。

(4) 人口が□□(げんしょう)する。

(5) 動物を□□(ほご)する。

2 □に当てはまる、同じ読み方の漢字を書きましょう。　一つ7〔28点〕

(1)
① 製品を作る□□(かてい)。
② □□(かてい)での学習。

(2)
① 自然□□(げんしょう)の数々。
② 雨量の□□(げんしょう)。

3 (　)に当てはまる言葉をア〜エから選んで、記号で答えましょう。　一つ8〔32点〕

(1) ニホンオオカミは、二十世紀(き)初頭に消息を(　)。

(2) 日本は、平地や山地があるなど地形が変化に(　)。

(3) 県北部には、標高三千メートルを(　)山々が連なる。

(4) 森林を守る活動により地下水が増え、よい結果を(　)。

ア 富む　イ こす　ウ 絶った　エ 生んだ

答えは69ページ

教科書 149〜165ページ

固有種が教えてくれること (2)
自然環境(かん)を守るために
統計資料の読み方

月　日

／100点

1 ——の漢字の読みがなを書きましょう。　一つ5〔40点〕

(1) 再び出かける。（　　）
(2) 年々増加する。（　　）
(3) 証人になる。（　　）
(4) 責任をもつ。（　　）
(5) 統計資料を読む。（　　）
(6) 二酸化炭素の量。（　　）
(7) 温度を設定する。（　　）
(8) 個体数が増える。（　　）

2 ——の漢字の、三通りの読みがなを書きましょう。　一つ6〔36点〕

(1)
① ビルを再建する。（　　）
② 再来年の夏。（　　）
③ 再び帰る。（　　）

(2)
① 交通量が増加する。（　　）
② 暑さが増す。（　　）
③ 人出が増える。（　　）

3 統計資料を読むときの注意点をまとめました。（　）に当てはまる言葉をア〜ウから選んで、記号で答えましょう。　一つ8〔24点〕

(1) グラフや表は、（　　）や目もりによって印象が変わるので、数字をきちんと確かめる。

(2) 調査した（　　）や（　　）によって結果がことなる場合があるので、いつ、どのように調べたかを確かめる。

ア 対象　イ 単位　ウ 時期

答えは69ページ

かくにん 20

教科書 149～165ページ

固有種が教えてくれること (2)
自然環境を守るために
統計資料の読み方

月　日

10分

／100点

1 □に当てはまる漢字を書きましょう。　一つ8〔48点〕

(1) □（ふた）びちょうせんする。

(2) 利用客が□□（ぞうか）する。

(3) □□（しょうにん）を立てる。

(4) □□（せきにん）をとる。

(5) 国の□□□□（とうけいしりょう）。

(6) 目標を□□（せってい）する。

2 次の文からまちがって使われている漢字をぬき出し、正しく書き直しましょう。　両方できて一つ8〔24点〕

(1) 学校の代表という重積を果たす。　□→□

(2) 他県に引っこした友達と最会した。　□→□

(3) 二つのチームを等合する。　□→□

3 グラフや表を用いて書くときの注意点をまとめました。（　）に当てはまる言葉をア～エから選んで、記号で答えましょう。　一つ7〔28点〕

(1) 自分の（　）に合った資料を選ぶ。

(2) 資料と文章が（　）するように書く。

(3) 資料から分かることと（　）が考えたことを（　）書く。

ア　対応　　イ　区別して　　ウ　考え　　エ　自分

答えは69ページ

きほん 21

カンジー博士の暗号解読 (1)

教科書 166〜167ページ

月　日

10分　／100点

1 ——の漢字の読みがなを書きましょう。　一つ5〔40点〕

(1) 物知り博士の兄。（　）
(2) 大学の教授。（　）
(3) 紀行文を読む。（　）
(4) 文化財を守る。（　）
(5) 山脈を見る。（　）
(6) 組織の一員。（　）
(7) 建築中のビル。（　）
(8) 旧道ぞいの町。（　）

2 次の漢字の部首名を書きましょう。　一つ5〔20点〕

(1) 授（　）
(2) 紀（　）
(3) 脈（　）
(4) 築（　）

3 次のそれぞれの（　）に当てはまる、同じ読み方の漢字をア〜コから選んで、記号で答えましょう。　一つ4〔40点〕

(1) ①（　）産を築く。　②現（　）の時刻(こく)。
(2) ①新（　）の大臣。　②（　）速に寒くなる。
(3) ①家を改（　）する。　②（　）林が広がる。
(4) ①（　）元前の時代。　②提出の（　）限。
(5) ①枝を（　）る。　②布を（　）る。

ア 折　イ 期　ウ 財　エ 紀　オ 竹
カ 在　キ 築　ク 旧　ケ 織　コ 急

答えは69ページ

かくにん 21

教科書166～167ページ

カンジー博士の暗号解読 (1)

月　日

10分　／100点

1 □に当てはまる漢字を書きましょう。　一つ6〔36点〕

(1) 大学□□（きょうじゅ）になる。

(2) □□□（きこうぶん）を書く。

(3) 青々とした□□（さんみゃく）。

(4) 委員会の□□（そしき）。

(5) 古い□□（けんちく）物。

(6) □□（きゅうどう）を歩く。

2 □に当てはまる、同じ読み方の漢字を書きましょう。　一つ7〔28点〕

(1)
① 名前の□（き）入。
② 二十一世□（き）

(2)
① 国語の□（じゅ）業。
② 電波の□（じゅ）信。

3 □に当てはまる、同じ読み方の漢字を書きましょう。　一つ6〔36点〕

(1) 夜、□（あま）戸を開けると□（あま）の川が見えた。

(2) 田□（はた）のわきに、豊作を願う□（はた）を立てる。

(3) □（さか）の下に、昔ながらの□（さか）屋がある。

答えは69ページ

きほん 22

教科書 166〜169ページ

カンジー博士の暗号解読 (2)
古典の世界(二)

月　日

10分　／100点

1 ――の漢字の読みがなを書きましょう。　一つ4〔28点〕

(1) 規則を守る。（　　）
(2) 貯金をする。（　　）
(3) 新型のテレビ。（　　）
(4) 血液の検査。（　　）
(5) 生活の基本。（　　）
(6) 額に入れた絵。（　　）
(7) 事故を防ぐ。（　　）

2 次のそれぞれの（　）に当てはまる、同じ読み方の漢字をア〜カから選んで、記号で答えましょう。　一つ7〔42点〕

(1) ① 月曜日（　　）はいそがしい。
② 物語の結末は（　　）だった。

(2) ① 役場の出張所を（　　）する。
② 算数の問題の（　　）を読む。

(3) ① （　　）体操をする。
② 登山をする（　　）がおとずれる。

ア 意外　イ 解説　ウ 機会
エ 器械　オ 以外　カ 開設

3 （　）に当てはまる言葉を、ア〜ウから選んで記号で答えましょう。　一つ10〔30点〕

(1) 「（　　）」は、中国(ちゅうごく)の古代の思想家である（　　）とその弟子(でし)たちの問答などを記録した書物である。

(2) （　　）は、中国の詩で、もとは漢字だけで書かれている。

ア 漢詩　イ 孔子(こうし)　ウ 論語(ろんご)

答えは70ページ

教科書 166〜169ページ

カンジー博士の暗号解読 (2)
古典の世界（二）

月　日

10分　／100点

1 □に当てはまる漢字を書きましょう。　一つ５〔35点〕

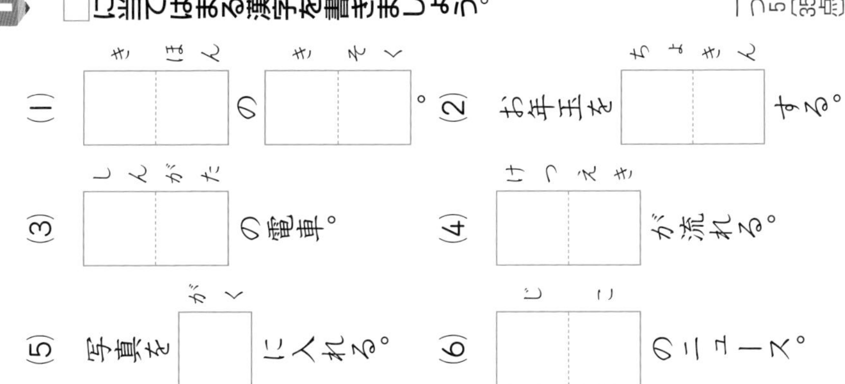

(1) □□（きほん）の□□（きそく）。
(2) お年玉を□□（ちょきん）する。
(3) □□（しんがた）の電車。
(4) □□（けつえき）が流れる。
(5) 写真を□（がく）に入れる。
(6) □□（じこ）のニュース。

2 次の文のそれぞれの□に当てはまる、同じ読み方の漢字を書きましょう。　一つ５〔65点〕

(1) 実験中の□（あん）室の中へ□（あん）内する。
(2) □（えい）国の水□（えい）選手が来日した。
(3) □（か）熱して食べることが□（か）能な□（か）実。
(4) 次□（かい）の□（かい）画展（てん）の□（かい）会式に招かれる。
(5) テレビ□（ほう）送で最新の情□（ほう）を伝える方□（ほう）。

答えは70ページ

教科書170ページ

漢字の広場④

月　日

／100点

1 ――の漢字の読みがなを書きましょう。　一つ4〔100点〕

(1) 宮城県の祭り。（　）
(2) 茨城県の大学。（　）
(3) 栃木県のいちご。（　）
(4) 群馬県の野菜。（　）
(5) 埼玉県産の紙。（　）
(6) 神奈川県の橋。（　）
(7) 新潟県産の米。（　）
(8) 富山県の漁業。（　）
(9) 福井県のかに。（　）
(10) 山梨県の果物（くだもの）。（　）
(11) 岐阜県の川。（　）
(12) 静岡県の茶畑。（　）
(13) 滋賀県の湖。（　）
(14) 大阪府の方言。（　）
(15) 兵庫県の島。（　）
(16) 奈良県の寺。（　）
(17) 徳島県の駅。（　）
(18) 香川県のうどん。（　）
(19) 愛媛県の銀行。（　）
(20) 福岡県の屋台。（　）
(21) 佐賀県の焼き物。（　）
(22) 長崎県の教会。（　）
(23) 熊本県の城。（　）
(24) 鹿児島県の山。（　）
(25) 沖縄県の海。（　）

答えは70ページ

漢字の広場④

教科書170ページ

月　日

10分

／100点

1 □に当てはまる漢字を書きましょう。　一つ5〔100点〕

(1) □□（みやぎ）県の景勝地。

(2) □□（いばらき）県の鉄道。

(3) □□（ぐんま）県にある工場。

(4) □□（さいたま）県の野球場。

(5) □□（とやま）県にあるダム。

(6) □□（ふくい）県の博物館。

(7) □□（やまなし）県産のぶどう。

(8) □□（しずおか）県産のみかん。

(9) □□（あいち）県の食べ物。

(10) □□□（きょうとふ）の寺。

(11) □□（ひょうご）県にある港。

(12) □□（なら）県にある大仏。

(13) □□（おかやま）県産のもも。

(14) □□（とくしま）県のおどり。

(15) □□（かがわ）県

(16) □□（さが）県

(17) □□（ながさき）県

(18) □□（くまもと）県

(19) □□（みやざき）県

(20) □□（おきなわ）県

答えは70ページ

教科書 171～191ページ

やなせたかし――アンパンマンの勇気
あなたは、どう考える
季節の言葉４　冬の朝

月　日

10分　／100点

1 ――の漢字の読みがなを書きましょう。　一つ5〔70点〕

(1) 本名を名乗る。（　　）
(2) 夫婦になる。（　　）
(3) 子どもを救う。（　　）
(4) 本格的に学ぶ。（　　）
(5) 銀行に就（しゅう）職する。（　　）
(6) 車で移動する。（　　）
(7) 墓に参る。（　　）
(8) 正義の味方。（　　）
(9) 殺し合いの話。（　　）
(10) 貧しい生活。（　　）
(11) 東京の出版社。（　　）
(12) 後に成功する。（　　）
(13) 意見を述べる。（　　）
(14) 仮に決めておく。（　　）

2 次の漢字の正しい筆順のほうに、○をつけましょう。　〔6点〕

ア（　）　ˈ　⊥　ﾄ　片　片丿　片厂　版　版
イ（　）　丿　丿ˈ　ﾄ　片　片一　片厂　版　版

3 文章のよいところを見つけるときに大切なことをまとめました。（　）に当てはまる言葉をア～ウから選んで、記号で答えましょう。　一つ8〔24点〕

(1) 目的に合った（　　）で書かれているか、伝えたいことは（　　）かなどについて、感想を具体的に伝える。
(2) （　　）を伝え合うことで、たがいの文章のよいところを見つける。

ア　感想　　イ　構成　　ウ　明確

答えは70ページ

教科書171～191ページ

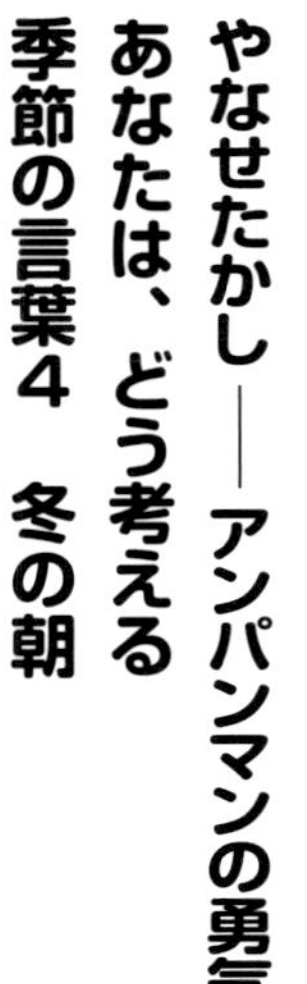

やなせたかし——アンパンマンの勇気 あなたは、どう考える 季節の言葉4 冬の朝

月　日

10分　／100点

1 □に当てはまる漢字を書きましょう。　一つ6〔48点〕

(1) おじ□□（ふうふ）に会う。
(2) おぼれた人を□（すく）う。
(3) 会社に就（しゅう）□（しょく）する。
(4) 校庭に□□（いどう）する。
(5) □（ころ）し合いを演じる。
(6) □（まず）しい国へ寄付する。
(7) □□□（しゅっぱんしゃ）のビル。
(8) 感想を□（の）べる。

2 形に注意して、□に当てはまる漢字を書きましょう。　一つ7〔28点〕

(1)
① 学級会の□（ぎ）題。
② 人生の意□（ぎ）。

(2)
① 世界□（かく）地の祭り。
② 本□（かく）的に勉強する。

3 次の言葉の意味を下から選んで、——で結びましょう。　一つ6〔24点〕

(1) 粉（こな）雪　・　　・ア　雪がふる（積もった）景色。
(2) 初雪　・　　・イ　その冬初めてふる雪。
(3) 雪景色・　　・ウ　雪がふりだしそうな空の様子。
(4) 雪模（も）様・　　・エ　さらさらした細かい雪。

答えは70ページ

きほん 25

教科書 192〜197ページ

月　　日

10分　／100点

好きな詩のよさを伝えよう
熟語(じゅく)の読み方

1 ――の漢字の読みがなを書きましょう。　一つ4〔64点〕

(1) 牛を飼育する。（　　）
(2) 綿毛が飛ぶ。（　　）
(3) 居間で過ごす。（　　）
(4) 永久のちかい。（　　）
(5) 清水がわく。（　　）
(6) 川原で遊ぶ。（　　）
(7) 手を消毒する。（　　）
(8) 町の八百屋さん。（　　）
(9) 毎日営業する。（　　）
(10) 果物を食べる。（　　）
(11) 迷子になる。（　　）
(12) 眼鏡をかける。（　　）
(13) 防犯に努める。（　　）
(14) 大学の講師。（　　）
(15) 精力的に働く。（　　）
(16) 歌が下手だ。（　　）

2 （　）に当てはまる言葉を、［　］から選んで書きましょう。　一つ3〔6点〕

(1) 桜の花が（　　）のようにまい散った。
(2) ひまわりの花は小さな（　　）だ。

［太陽　雪］

3 次の熟語(じゅく)の漢字の読み方の組み合わせを、ア・イから選んで、記号で答えましょう。　一つ5〔30点〕

(1) 場所（　）　(2) 台所（　）　(3) 味方（　）
(4) 手帳（　）　(5) 荷物（　）　(6) 両側（　）

ア　音読み＋訓読み
イ　訓読み＋音読み

答えは70ページ

教科書192〜197ページ

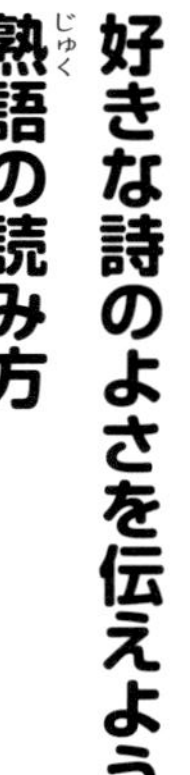

好きな詩のよさを伝えよう
熟語(じゅく)の読み方

月　日

／100点　10分

1 □に当てはまる漢字を書きましょう。　一つ5〔40点〕

(1) 金魚を□□(しいく)する。
(2) たんぽぽの□□(わたげ)。
(3) □□(いま)でくつろぐ。
(4) □□(えいきゅう)に不変の真理。
(5) 食器を□□(しょうどく)する。
(6) 飲食店を□□(えいぎょう)する。
(7) □□(ぼうはん)設備を整える。
(8) □□(こうし)の話を聞く。

2 熟語(じゅく)の漢字の読み方が次の組み合わせになるものを、下から一つずつ選んで、記号で答えましょう。　一つ6〔12点〕

(1) 音読み＋訓読み　〔ア　試合　イ　油絵〕　（　　）
(2) 訓読み＋音読み　〔ア　本箱　イ　太字〕　（　　）

3 ——の言葉の、二通りの読みがなを書きましょう。　一つ6〔48点〕

(1)
① 今日はいい天気だ。（　　）
② 今日の社会情勢。（　　）

(2)
① 上手な話し方。（　　）
② 川の上手にある村。（　　）

(3)
① 二人で買い物に行く。（　　）
② 二人三きゃくで走る。（　　）

(4)
① 弟はこん虫博士だ。（　　）
② 博士課程に進む。（　　）

答えは70ページ

漢字の広場⑤

教科書198ページ

月　日

10分

／100点

1 ――の漢字の読みがなを書きましょう。　一つ4〔100点〕

(1) 目的地に着く。（　　）
(2) 家の付近の道。（　　）
(3) 浅い川の流れ。（　　）
(4) 高原の牧場。（　　）
(5) 街灯がつく。（　　）
(6) 道の両側。（　　）
(7) 広い野菜畑。（　　）
(8) 庭にある松。（　　）
(9) 民家がならぶ。（　　）
(10) 低い土地。（　　）
(11) 町の衣料品店。（　　）
(12) 倉庫に入る。（　　）
(13) 市の博物館。（　　）
(14) 古い印刷所。（　　）
(15) 道を右折する。（　　）
(16) 陸上競技場（　　）
(17) 駅の改札。（　　）
(18) 徒歩で進む。（　　）
(19) 百貨店に行く。（　　）
(20) 清流を下る。（　　）
(21) 大きな建物。（　　）
(22) 交差点の信号。（　　）
(23) 木材を運ぶ。（　　）
(24) 低音がひびく。（　　）
(25) ビルを建てる。（　　）

答えは71ページ

かくにん 26

漢字の広場⑤

教科書198ページ

月　日

10分　／100点

1 □に当てはまる漢字を書きましょう。　一つ5〔100点〕

(1) 旅の□□□（もくてきち）。

(2) □□（ふきん）の道を走る。

(3) □□（ぼくじょう）を見学する。

(4) □□（せいりゅう）でつりをする。

(5) □□（がいとう）がともる。

(6) □□□（やさいばたけ）を作る。

(7) □（まつ）の林を通る。

(8) □□（もくざい）の□□（そうこ）。

(9) □（ひく）い□□（たてもの）。

(10) ありふれた□□（みんか）。

(11) □（と）□（ほ）五分で着く。

(12) □（あさ）い川をわたる。

(13) □□□（はくぶつかん）に行く。

(14) 小さな□□□（いんさつじょ）。

(15) 車が□□（うせつ）する。

(16) 駅の□□（かいさつ）に集まる。

(17) □□□（こうさてん）で待つ。

(18) □□□（ひゃっかてん）で買う。

答えは71ページ

教科書 199〜210ページ

想像力のスイッチを入れよう

月　日

10分　／100点

1 ――の漢字の読みがなを書きましょう。　一つ4〔16点〕

(1) 考える習慣。（　　）
(2) 周囲を見る。（　　）
(3) 不利益なこと。（　　）
(4) 災害に備える。（　　）

2 次の熟語の□に当てはまる漢字を、[　]から選んで書きましょう。（同じ漢字は一度しか使えません。）　一つ6〔30点〕

(1) 可能□
(2) 災害□
(3) 想像□
(4) 具体□
(5) 反対□

時　性　力　側　的

3 次の言葉の意味を下から選んで、――で結びましょう。　一つ9〔54点〕

(1) 思いこみ・
(2) 辞任・
(3) いだく・
(4) 有力・
(5) いらい・
(6) 架空・

・ア　しっかりした見こみがあること。
・イ　心の中に考えや感情をもつ。
・ウ　想像によってつくりあげること。
・エ　あることをするようたのむこと。
・オ　任務を自分からやめること。
・カ　一つのことを固く信じること。

答えは71ページ

かくにん27

想像力のスイッチを入れよう

教科書199〜210ページ

月　日

10分　／100点

1 □に当てはまる漢字を書きましょう。　一つ8〔32点〕

(1) 早起きの［しゅうかん］。

(2) ［しゅうい］の人たち。

(3) ［ふりえき］になる。

(4) ［さいがい］が起こる。

2 ――の言葉を、漢字と送りがなで書きましょう。　一つ9〔18点〕

(1) 空き地をフェンスで<u>かこむ</u>。（　　）

(2) 寒さに<u>なれる</u>。（　　）

3 メディアとの付き合い方について、（　）に当てはまる言葉を、ア〜オから選んで記号で答えましょう。　一つ10〔50点〕

(1) 情報を得るときは、（　）のメディアに決めるのではなく、複数のメディアを使い分けたり、（　）に複数のメディアを活用したりする。

(2) インターネットには不確かな情報が増えているので、情報の（　）を確かめる。また、一つの情報だけで判断せず、（　）の情報と比べるようにする。

(3) 情報を発信するときは、その情報が（　）であるかどうか、公開してよいものかどうかを常に確かめる。

ア　発信元　　イ　別　　ウ　事実

エ　特定　　オ　同時

答えは71ページ

きほん28 複合語 (1)

教科書211〜212ページ

月　日

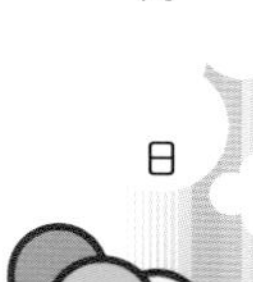

10分　／100点

1 ——の漢字の読みがなを書きましょう。　一つ6〔54点〕

(1) 新しい魚市場。（　　）
(2) 正夢を見る。（　　）
(3) 進化の枝分かれ。（　　）
(4) 前へ歩み寄る。（　　）
(5) 消費税の表示。（　　）
(6) 法制度の見直し。（　　）
(7) 初の人工衛星。（　　）
(8) 広い農耕地帯。（　　）
(9) 損害保険の会社。（　　）

2 ——の漢字の、二通りの読みがなを書きましょう。　一つ4〔16点〕

(1)
① 土地を耕作する。（　　）
② 畑を耕す。（　　）

(2)
① 正月の料理。（　　）
② 正に名言だ。（　　）

3 次の言葉の組み合わせは、ア〜カのどれに当てはまりますか。記号で答えましょう。　一つ5〔30点〕

(1) 自動ドア（　　）
(2) 口約束（　　）
(3) 輪ゴム（　　）
(4) 綿毛（　　）
(5) 消費税（　　）
(6) ホットケーキ（　　）

ア 和語と和語
イ 和語と漢語
ウ 漢語と漢語
エ 和語と外来語
オ 漢語と外来語
カ 外来語と外来語

答えは71ページ

複合語 (1)

月　日

10分　／100点

1 □に当てはまる漢字を書きましょう。　一つ5〔20点〕

(1) □□（えだわ）かれした道。

(2) 日本の□□□（しょうひぜい）。

(3) □□□（ほうせいど）の整備。

(4) □□□□（そんがいほけん）に入る。

2 形に注意して、□に当てはまる漢字を書きましょう。　一つ5〔20点〕

(1)
① けやきの小□（えだ）。
② 新しい□（ぎ）術。

(2)
① □（てい）度に差がある。
② □（ぜい）金がかかる。

3 次の複合語はどのような二つの言葉が結び付いてできたものですか。〈例〉にならって、二つの言葉を書きましょう。　両方できて一つ5〔60点〕

〈例〉 取り計らう→取る・計らう

(1) 使い道（　・　）　(2) 立て札（　・　）

(3) 朝焼け（　・　）　(4) 長引く（　・　）

(5) 息苦しい（　・　）　(6) ガス器具（　・　）

(7) 切り開く（　・　）　(8) ジャムパン（　・　）

(9) 近道（　・　）　(10) 紙コップ（　・　）

(11) 国境線（　・　）　(12) 桜前線（　・　）

答えは71ページ

きほん 29

教科書 211〜216ページ

複合語 (2)
言葉を使い分けよう

月　日

10分　／100点

1 ――の漢字の読みがなを書きましょう。 一つ6〔48点〕

(1) 雪合戦をする。（　　）
(2) 粉ミルクを飲む。（　　）
(3) 平均を上回る。（　　）
(4) 原料を輸入する。（　　）
(5) 少年団に入る。（　　）
(6) 事務の仕事。（　　）
(7) 船旅に出る。（　　）
(8) 角笛をふく。（　　）

2 〈例〉にならって、次の上の漢字と下の熟語の読み方が、同じなら○を、ちがうなら×を書きましょう。 一つ7〔28点〕

〈例〉 夜(よ)・空(そら)―夜空（よぞ・ら）→×

(1) 花(はな)・火(ひ)―花火（　　）
(2) 朝(あさ)・飯(めし)―朝飯（　　）
(3) 絵(え)・本(ほん)―絵本（　　）
(4) 風(かぜ)・上(かみ)―風上（　　）

3 次のときにはどのように言葉を使い分ければよいかを、ア〜ウから選んで、記号で答えましょう。 一つ8〔24点〕

(1) 相手の立場に立って言葉を選ぶとき。（　　）
(2) 相手がいやな気持ちにならないような言い方をするとき。（　　）（　　）

ア　ふつうの言い方とていねい語や尊敬語(そんけいご)、けんじょう語などを適切に使い分ける。
イ　相手が理解しやすいように、和語や漢語、外来語などで、同じことを表す別の言い方にする。
ウ　強い指示や命令に受け取られるような文末表現を変える。

答えは71ページ

複合語 (2) 言葉を使い分けよう

教科書 211〜216ページ

月　日

／100点　10分

1 □に当てはまる漢字を書きましょう。　一つ8〔40点〕

(1) □（こな）ミルクをとかす。
(2) 得点の□□（へいきん）。
(3) 木材を□□（ゆにゅう）する。
(4) □□□（しょうねんだん）の活動。
(5) 会社の□□（じむ）。

2 次の略語の元の言葉を書きましょう。　一つ5〔20点〕

(1) 特急 □
(2) 高校 □
(3) 入試 □
(4) 国連 □

3 次の言葉の略語を書きましょう。　一つ8〔40点〕

(1) リモートコントローラー（　）
(2) パーソナルコンピュータ（　）
(3) エアコンディショナー（　）
(4) デジタルカメラ（　）
(5) ファミリーレストラン（　）

答えは71ページ

きほん 30

大造（だいぞう）じいさんとガン

教科書 227〜248ページ

月　日

／100点

1 ——の漢字の読みがなを書きましょう。　一つ5〔40点〕

(1) 愉（ゆ）快な話。（　　）
(2) 丸太が燃える。（　　）
(3) 群れを率いる。（　　）
(4) 一族の頭領。（　　）
(5) 人を指導する。（　　）
(6) 堂々とする。（　　）
(7) 快い風がふく。（　　）
(8) 仲間を導く。（　　）

2 次の漢字の部首と部首名を書きましょう。　一つ4〔24点〕

(1) 快　部首 □　部首名（　　）
(2) 燃　部首 □　部首名（　　）
(3) 領　部首 □　部首名（　　）

3 次の言葉の意味を下から選んで、——で結びましょう。　一つ6〔36点〕

(1) あんばい・
(2) あかつき・
(3) 案の定・
(4) しんぼう・
(5) 最期（さいご）・
(6) らんまん・

・ア 思ったとおり。
・イ 花がさきみだれる様子。
・ウ 物事や体の具合。
・エ 夜の明けるころ。明け方。
・オ がまんすること。
・カ 死ぬまぎわ。

答えは72ページ

大造(だいぞう)じいさんとガン

月　日

10分　／100点

1 □に当てはまる漢字を書きましょう。　一つ8〔48点〕

(1) 愉(ゆ)□(かい)な気持ち。

(2) 火が□(も)える。

(3) チームを□(ひき)いる。

(4) 大工の□□(とうりょう)。

(5) □□(しどう)を受ける。

(6) □□(どうどう)とした顔。

2 形に注意して、□に当てはまる漢字を書きましょう。　一つ6〔24点〕

(1)
① ごみを□(も)やす。
② パンが□(や)ける。

(2)
① 確□(りつ)が高い。
② □(そつ)業式に出る。

3 次の言葉の意味をア～エから選んで、記号で答えましょう。　一つ7〔28点〕

(1) 会心のえみをもらす（　　）

(2) ひとあわふかせる（　　）

(3) 目にもの見せる（　　）

(4) 不意を打つ（　　）

ア　ひどい目にあわせて、思い知らせる。

イ　期待どおりになり、満足してえがおになる。

ウ　思いもよらないときに事をしかける。

エ　予想外のことをして、相手をおどろかせあわてさせる。

答えは72ページ

きほん31 漢字の広場⑥

教科書249ページ

月　日

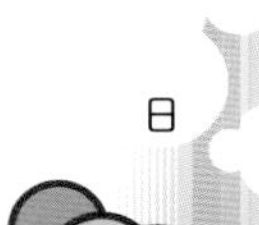

／100点

1 ――の漢字の読みがなを書きましょう。　一つ4〔100点〕

(1) 環(かん)境の課題。（　）
(2) 大臣になる。（　）
(3) 公害の防止。（　）
(4) 国会議員の仕事。（　）
(5) 選挙に行く。（　）
(6) 投票を行う。（　）
(7) 明るい未来。（　）
(8) 巣箱の設置。（　）
(9) 関心をもつ。（　）
(10) 飛行機に乗る。（　）
(11) 欠便になる。（　）
(12) 新しい機械。（　）
(13) 注目を浴びる。（　）
(14) 部屋の照明。（　）
(15) 犬の消化器官。（　）
(16) 病気を治す。（　）
(17) 夫が料理する。（　）
(18) 協力を求める。（　）
(19) りっぱな城。（　）
(20) 鹿が群れる。（　）
(21) 老人と話す。（　）
(22) 満開の桜。（　）
(23) 絶景が広がる。（　）
(24) 梅の実がなる。（　）
(25) 日光浴をする。（　）

答えは72ページ

かくにん 31

漢字の広場⑥

教科書249ページ

月　日

10分

／100点

1 □に当てはまる漢字を書きましょう。

一つ4〔100点〕

(1) □□（こうがい）を防ぐ。

(2) □□（だいじん）が会見する。

(3) 意見を□（もと）める。

(4) □□（せんきょ）の□□（とうひょう）。

(5) □□（しぜん）の□□（みらい）。

(6) 動物に□□（かんしん）をもつ。

(7) □□（ぐんて）をはめる。

(8) 白い□□□（ひこうき）。

(9) □□（さくや）から続く雨。

(10) □□（きかい）の□□（かんせい）。

(11) □□（しょうめい）を□（あ）びる。

(12) 薬で病気を□（なお）す。

(13) □（おっと）の□□（きょうりょく）。

(14) けんび□（きょう）をのぞく。

(15) □（しか）にえさをやる。

(16) □□（ぜっけい）を楽しむ。

(17) □（まご）が□（な）く。

(18) □□（まんかい）の□（うめ）の花。

答えは72ページ

答え

1　3・4ページ

1 (1)そうぞう (2)けいけん (3)しんじょう (4)いんしょう (5)ぜったい (6)へ (7)なさ (8)ぞう (9)た

2 (1)12 (2)12 (3)14 (4)11 (5)11

3 (1)もやもや (2)ぐずぐず (3)つんつん

★★★

1 (1)想像 (2)経験 (3)心情 (4)印象 (5)絶対

2 (1)①像 ②象 (2)①絶 ②経

3 (1)ウ (2)イ (3)エ (4)ア

2　5・6ページ

1 (1)あつ (2)しょう (3)しょうじょう (4)よろこ (5)りかい (6)と

2 (1)イ (2)ア (3)イ (4)ア

3 (1)ウ (2)ア (3)オ (4)イ (5)カ (6)エ

★★★

1 (1)厚 (2)賞 (3)賞状 (4)喜 (5)理解

2 (1)①厚 ②熱 (2)①状 ②情

3 (1)ウ (2)エ (3)ア (4)イ

3　7・8ページ

1 (1)ないよう (2)ぎじゅつ (3)てきせつ (4)きょか (5)ふくすう (6)こうず (7)さくら (8)はちぶ (9)いちがん (10)どう (11)やぶ (12)しゅうふく

2 ア

3 (1)官・かん (2)付・ふ (3)周・しゅう (4)象・ぞう (5)黄・おう (6)果・か (7)同・どう (8)氏・し

★★★

1 (1)内容 (2)技術 (3)許可 (4)構図 (5)銅 (6)破

2 (1)①修 ②治 (2)①復 ②複

3 (1)エ (2)ウ (3)イ (4)ア

4　9・10ページ

1 (1)ほか (2)がんか (3)ていしゃ (4)ただ (5)そふぼ (6)せきはん (7)じゅんび (8)ぼうえき (9)こくさい (10)あいけん (11)せいけつ (12)そな

2 (1)洋・照 (2)好・明 (3)一・下 (4)火・手（それぞれ順序(じょ)なし）

1 (1)停車 (2)準備 (3)貿易 (4)清潔

2 (1)ウ (2)イ (3)エ (4)ア

3 (1)イ (2)ウ (3)ア (4)エ

5　11・12ページ

1 (1)しつもん (2)ほうこく (3)しょぞく (4)たし (5)いしき (6)つ (7)せいかく

2 (1)貝・かい (2)石・いしへん (3)尸・しかばね（かばね） (4)言・ごんべん

3 (1)イ (2)ウ (3)ア

★★★

1 (1)質問 (2)報告 (3)所属 (4)確 (5)意識 (6)正確

2 (1)イ (2)ア

3 (1)ウ (2)ア (3)イ

6　13・14ページ

1 (1)げんいん (2)せいぶ (3)まるた (4)つく (5)に (6)かぎ (7)りゅうがくせい (8)ひょうげん (9)ちょくせつ (10)あらわ

2 (1)①ざい ②せい ③にし (2)①りゅう ②る ③と (3)①ぞう ②つく (4)①たい ②ふと

★★★

1 (1)原因 (2)似 (3)限 (4)留学生 (5)表現 (6)直接

2 (1)①限 ②現 (2)①接 ②説

3 (1)ウ (2)イ (3)ア

7　15・16ページ

1 (1)おう (2)おおぜい (3)ひょうが (4)れきし (5)しんかんせん (6)まね (7)く (8)にちじょう (9)じゅんじょ

2 (1)イ (2)ア (3)ウ (4)イ

3 (1)6 (2)3 (3)3 (4)4

★★★

1 (1)応 (2)大勢 (3)氷河 (4)歴史 (5)新幹線 (6)招 (7)句 (8)日常

2 (1)です (2)います

3 (1)イ (2)ア (3)イ

8　17・18ページ

1 (1)あんないず (2)きせつ (3)さいしん (4)こうきょう (5)じてん (6)ぶんるい (7)せつめい (8)ようぼう (9)せんそう (10)くべつ (11)でんき (12)はいち (13)ししょ (14)か (15)えいご (16)じしょ (17)さんこうしょ (18)きょくりょく (19)じゅんばん (20)じどうしょ (21)せき (22)しず

2 (1)びん (2)べん (3)たよ

★★★

1 (1)要望 (2)便利・分類 (3)季節 (4)参考書 (5)英語 (6)伝記・借 (7)配置 (8)最新 (9)戦争 (10)区別 (11)席・順番 (12)以内 (13)静・案内 (14)事典 (15)児童書 (16)司書

9 19・20ページ

1 (1)こてん (2)ぶし (3)しりょう (4)ちょうさ (5)むしゃ

2 (1)6 (2)6

3 (1)イ (2)エ (3)ア (4)ウ

★★★

1 (1)武士 (2)資料 (3)調査

2 (1)ウ (2)ア (3)エ (4)イ

3 (1)ウ (2)ア (3)イ

10 21・22ページ

1 (1)せいべつ (2)ひじょうぐち (3)そうごうてき (4)はか (5)はか (6)こうしゃ (7)おうふく (8)こうえん (9)しゅうかん (10)ひりょう

2 (1)イ (2)ア

3 (1)イ (2)ア (3)ウ (4)エ

★★★

1 (1)性別 (2)非常口 (3)総合的 (4)校舎 (5)往復 (6)公演 (7)週刊 (8)肥料

2 (1)①競技 ②協議 (2)①用意 ②容易 (3)①機械 ②器械 (4)①期間 ②器官

11 23・24ページ

1 (1)せいし (2)ぎゅうにく (3)しゃざい (4)ぼうふう (5)ぼうふうりん (6)こうせき (7)こうせき (8)こころざし (9)だんせい (10)こうかい

2 (1)イ (2)ア (3)ア

3 (1)ア (2)ウ (3)イ

★★★

1 (1)製糸 (2)謝罪 (3)暴風 (4)防風林 (5)鉱石 (6)功績 (7)志 (8)航海

2 (1)①登 ②上 (2)①初 ②始 (3)①本 ②元 (4)①量 ②測

12 25・26ページ

1 (1)むちゅう (2)たんぺんしゅう (3)けん (4)だんげん (5)きょうかいせん (6)かど (7)じたい (8)ぎゃくほうこう (9)ばん (10)さゆう (11)あつりょく (12)さか

2 (1)明言 (2)安全

3 (1)イ (2)ウ (3)ア

★★★

1 (1)夢中 (2)短編集 (3)険 (4)断言 (5)境界線 (6)事態 (7)判 (8)圧力

2 (1)ア (2)ア (3)イ (4)イ (5)ア

13 27・28ページ

1 (1)せっとくりょく (2)くら (3)せいじ (4)きょうみ (5)しめ (6)しゅちょう (7)こじん (8)ささ

2 (1)ウ (2)ア (3)イ

3 (1)ウ (2)エ (3)オ (4)ア (5)イ

★★★

1 (1)説得力 (2)比 (3)政治 (4)興味 (5)示 (6)主張 (7)個人

(8)支

2 ウ・ア・エ・イ

14　29・30ページ

1
(1)しめい　(2)ぐん　(3)はたら
(4)はじ　(5)あくてんこう
(6)さんざん　(7)せつやく　(8)つづ
(9)とっくん　(10)ひっし　(11)どりょく
(12)なかま　(13)けっそく　(14)ぶじ
(15)しんねん　(16)りょうこう
(17)つめ　(18)いばら　(19)わ
(20)しゅくがかい　(21)たっ
(22)れんたいかん　(23)はた
(24)ふくたいちょう　(25)ひがん

★★★

1
(1)卒業　(2)週末・特訓　(3)参加
(4)熱中　(5)自然　(6)包　(7)目標
(8)仲間・笑　(9)残念・失敗　(10)不安
(11)努力・苦労　(12)必死・働　(13)成功
(14)希望・勇気　(15)反省・続　(16)良好
(17)祝賀会　(18)冷

15　31・32ページ

1
(1)まよ　(2)しょざいち　(3)ひと
(4)べんとうばこ　(5)けん　(6)まじめ
(7)てい　(8)よ　(9)あま　(10)ほとけ

2
(1)イ　(2)ア　(3)イ

3
(1)イ　(2)エ　(3)ウ　(4)オ　(5)ア

★★★

1
(1)迷　(2)所在地　(3)独
(4)弁当箱　(5)提　(6)寄　(7)余
(8)仏

2
(1)①険　②検　(2)①寄港

②気候

3
(1)ウ　(2)ア　(3)イ

16　33・34ページ

1
(1)ふ　(2)かくち　(3)ぎょぎょう
(4)たんい　(5)ていへん　(6)いちおく
(7)はんけい　(8)いっちょう
(9)れいだい　(10)おぼ　(11)がくげい
(12)や　(13)きゅうしょく　(14)けんこう
(15)えいよう　(16)はん　(17)しけんかん
(18)こてい　(19)けいりょう　(20)め
(21)たね　(22)ほうほう　(23)かんさつ
(24)ごうれい　(25)いっしゅう

★★★

1
(1)産業　(2)各地　(3)漁業
(4)例題　(5)面積・単位　(6)栄養・富
(7)給食　(8)健康　(9)塩分
(10)計量・方法　(11)観察・結果
(12)加熱　(13)種・芽　(14)変化・記録
(15)号令　(16)一周　(17)楽器
(18)合唱・覚

17　35・36ページ

1
(1)か　(2)こうか　(3)じょうけん
(4)たも　(5)ひょうか　(6)さんせい

2
(1)イ　(2)ア　(3)ア　(4)イ

3
(1)ウ　(2)イ

4
(1)ア　(2)イ　(3)ア

★★★

1
(1)貸　(2)効果　(3)条件　(4)保
(5)評価　(6)賛成

2
(1)①件　②研　③健　(2)①標
②評　③票

3 (1)×　(2)○　(3)○　(4)○

18　37・38ページ

1 (1)つま　(2)こ　(3)こんざつ
(4)しょうりゃく　(5)さいしゅう
(6)なまもの　(7)きんし
(8)しょうじょ　(9)かのうせい
2 (1)イ　(2)ウ　(3)ア
3 (1)ア　(2)ウ　(3)イ　(4)イ　(5)ア
(6)ウ　(7)ウ　(8)ア

★　★　★

1 (1)妻　(2)混　(3)混雑　(4)省略
(5)採集　(6)禁止　(7)可能性
2 (1)ア　(2)ア　(3)イ　(4)イ　(5)ア
3 (1)カ　(2)ア　(3)オ　(4)エ　(5)ウ
(6)イ

19　39・40ページ

1 (1)かてい　(2)ゆた　(3)ぶんぷ
(4)しんりん　(5)げんしょう　(6)ほご
(7)へ
2 (1)12　(2)20
3 (1)ア　(2)ウ　(3)イ
4 (1)ア　(2)オ　(3)エ　(4)イ　(5)カ
(6)ウ

★　★　★

1 (1)過程　(2)豊　(3)分布　(4)減少
(5)保護
2 (1)①過程　②家庭　(2)①現象
②減少
3 (1)ウ　(2)ア　(3)イ　(4)エ

20　41・42ページ

1 (1)ふたた　(2)ぞうか
(3)しょうにん　(4)せきにん
(5)とうけいしりょう
(6)にさんかたんそ
(7)せってい　(8)ふ
2 (1)①さい　②さ　③ふたた
(2)①ぞう　②ま　③ふ
3 (1)イ　(2)（順序なし）ア・ウ

★　★　★

1 (1)再　(2)増加　(3)証人　(4)責任
(5)統計資料　(6)設定
2 (1)積・責　(2)最・再　(3)等・統
3 (1)ウ　(2)ア　(3)エ・イ

21　43・44ページ

1 (1)はかせ　(2)きょうじゅ
(3)きこうぶん　(4)ぶんかざい
(5)さんみゃく　(6)そしき
(7)けんちく　(8)きゅうどう
2 (1)てへん　(2)いとへん
(3)にくづき　(4)たけかんむり
3 (1)①ウ　②カ　(2)①ク　②コ
(3)①キ　②オ　(4)①エ　②イ
(5)①ア　②ケ

★　★　★

1 (1)教授　(2)紀行文　(3)山脈
(4)組織　(5)建築　(6)旧道
2 (1)①記　②紀　(2)①授　②受
3 (1)雨・天　(2)畑・旗　(3)坂・酒

22 45・46ページ

1 (1)きそく (2)ちょきん (3)しんがた (4)けつえき (5)きほん (6)がく (7)じこ

2 (1)①オ ②ア (2)①カ ②イ (3)①エ ②ウ

3 (1)ウ・イ (2)ア

★★★

1 (1)基本・規則 (2)貯金 (3)新型 (4)血液 (5)額 (6)事故

2 (1)暗・案 (2)英・泳 (3)加・可・果 (4)回・絵・開 (5)放・報・法

23 47・48ページ

1 (1)みやぎ (2)いばらき (3)とちぎ (4)ぐんま (5)さいたま (6)かながわ (7)にいがた (8)とやま (9)ふくい (10)やまなし (11)ぎふ (12)しずおか (13)しが (14)おおさかふ (15)ひょうご (16)なら (17)とくしま (18)かがわ (19)えひめ (20)ふくおか (21)さが (22)ながさき (23)くまもと (24)かごしま (25)おきなわ

★★★

1 (1)宮城 (2)茨城 (3)群馬 (4)埼玉 (5)富山 (6)福井 (7)山梨 (8)静岡 (9)愛知 (10)京都府 (11)兵庫 (12)奈良 (13)岡山 (14)徳島 (15)香川 (16)佐賀 (17)長崎 (18)熊本 (19)宮崎 (20)沖縄

24 49・50ページ

1 (1)ほんみょう (2)ふうふ (3)すく (4)ほんかくてき (5)しょく (6)いどう (7)はか (8)せいぎ (9)ころ (10)まず (11)しゅっぱんしゃ (12)のち (13)の (14)かり

2 イ

3 (1)イ・ウ (2)ア

★★★

1 (1)夫婦 (2)救 (3)職 (4)移動 (5)殺 (6)貧 (7)出版社 (8)述

2 (1)①議 ②義 (2)①各 ②格

3 (1)エ (2)イ (3)ア (4)ウ

25 51・52ページ

1 (1)しいく (2)わたげ (3)いま (4)えいきゅう (5)しみず (6)かわら (7)しょうどく (8)やおや (9)えいぎょう (10)くだもの (11)まいご (12)めがね (13)ぼうはん (14)こうし (15)せいりょくてき (16)へた

2 (1)雪 (2)太陽

3 (1)イ (2)ア (3)ア (4)イ (5)イ (6)ア

★★★

1 (1)飼育 (2)綿毛 (3)居間 (4)永久 (5)消毒 (6)営業 (7)防犯 (8)講師

2 (1)ア (2)イ

3 (1)①きょう ②こんにち (2)①じょうず ②かみて

(3)①ふたり　②ににん
(4)①はかせ　②はくし

26　53・54ページ

1 (1)もくてきち　(2)ふきん
(3)あさ　(4)ぼくじょう　(5)がいとう
(6)りょうがわ　(7)やさいばたけ
(8)まつ　(9)みんか　(10)ひく
(11)いりょうひんてん　(12)そうこ
(13)はくぶつかん　(14)いんさつじょ
(15)うせつ
(16)りくじょうきょうぎじょう
(17)かいさつ　(18)とほ
(19)ひゃっかてん　(20)せいりゅう
(21)たてもの　(22)こうさてん
(23)もくざい　(24)ていおん　(25)た

★★★

1 (1)目的地　(2)付近　(3)牧場
(4)清流　(5)街灯（外灯）
(6)野菜畑　(7)松　(8)木材・倉庫
(9)低・建物　(10)民家　(11)徒歩　(12)浅
(13)博物館　(14)印刷所　(15)右折
(16)改札　(17)交差点　(18)百貨店

27　55・56ページ

1 (1)しゅうかん　(2)しゅうい
(3)ふりえき　(4)さいがい
2 (1)性　(2)時　(3)力　(4)的　(5)側
3 (1)カ　(2)オ　(3)イ　(4)ア　(5)エ
(6)ウ

★★★

1 (1)習慣　(2)周囲　(3)不利益
(4)災害

2 (1)囲む　(2)慣れる
3 (1)エ・オ　(2)ア・イ　(3)ウ

28　57・58ページ

1 (1)うおいちば　(2)まさゆめ
(3)えだわ　(4)あゆ　(5)しょうひぜい
(6)ほうせいど　(7)じんこうえいせい
(8)のうこうちたい
(9)そんがいほけん
2 (1)①こう　②たがや
(2)①しょう　②まさ
3 (1)オ　(2)イ　(3)エ　(4)ア　(5)ウ
(6)カ

★★★

1 (1)枝分　(2)消費税　(3)法制度
(4)損害保険
2 (1)①枝　②技　(2)①程　②税
3 (1)使う・道　(2)立てる・札
(3)朝・焼ける　(4)長い・引く
(5)息・苦しい　(6)ガス・器具
(7)切る・開く　(8)ジャム・パン
(9)近い・道　(10)紙・コップ
(11)国境・線　(12)桜・前線

29　59・60ページ

1 (1)ゆきがっせん　(2)こな
(3)へいきん　(4)ゆにゅう
(5)しょうねんだん　(6)じむ
(7)ふなたび　(8)つのぶえ
2 (1)×　(2)○　(3)○　(4)×
3 (1)イ　(2)（順序なし）ア・ウ

★★★

1 (1)粉　(2)平均　(3)輸入

2 (1)特別急行 (2)高等学校 (3)入学試験 (4)国際連合 (4)少年団 (5)事務

3 (1)リモコン (2)パソコン (3)エアコン (4)デジカメ (5)ファミレス

30 61・62ページ

1 (1)かい (2)も (3)ひき (4)とうりょう (5)しどう (6)どうどう (7)こころよ (8)みちび

2 (1)忄・りっしんべん (2)火・ひへん (3)頁・おおがい

3 (1)ウ (2)エ (3)ア (4)オ (5)カ (6)イ

★★★

1 (1)快 (2)燃 (3)率 (4)頭領 (5)指導 (6)堂々（堂堂）

2 (1)①燃 ②焼 (2)①率 ②卒

3 (1)イ (2)エ (3)ア (4)ウ

31 63・64ページ

1 (1)かだい (2)だいじん (3)こうがい (4)ぎいん (5)せんきょ (6)とうひょう (7)みらい (8)すばこ (9)かんしん (10)ひこうき (11)けつびん (12)きかい (13)あ (14)しょうめい (15)きかん (16)なお (17)おっと (18)きょうりょく (19)しろ (20)しか (21)ろうじん (22)まんかい (23)ぜっけい (24)うめ (25)にっこうよく

★★★

1 (1)公害 (2)大臣 (3)求 (4)選挙・投票 (5)自然・未来 (6)関心 (7)軍手 (8)飛行機 (9)昨夜 (10)機械・完成 (11)照明・浴 (12)治 (13)夫・協力 (14)鏡 (15)鹿 (16)絶景 (17)孫・泣 (18)満開・梅

3 2 1 0 9 8 7 6 5 4 ＊＊ D C B A